COLLECTION

DE

DIVERS OUVRAGES

D'ARITHMÉTIQUE POLITIQUE,

PAR

LAVOISIER, DELAGRANGE,

ET AUTRES.

A PARIS,

De l'Imprimerie des CC. CORANCEZ & RŒDERER,
rue J. J. Rousseau, n.° 14.

AN IV.

AVERTISSEMENT DE L'ÉDITEUR.

Il est très-facile de concevoir que la science de l'économie politique, ou *plutôt* publique, repose toute entière sur l'arithmétique politique. Quand nous connoîtrons tous les faits qui intéressent la reproduction & la distribution des richesses dans différentes parties d'un grand état comme la France, & entre différens états ; quand tous les produits pourront être rapprochés de toutes les circonstances qui les ont fait naître, qu'ils seront évalués & comparés les uns avec les autres, le raisonnement aura peu de chose à faire pour en déduire des principes positifs & des théories certaines.

Cette considération m'a déterminé à faire réimprimer plusieurs essais d'arithmétique politique, qui sont ou très-rares, ou perdus dans d'autres collections. A la tête, se trouve l'ouvrage de l'illustre & malheureux Lavoisier, sur les produits territoriaux de la France : cet ouvrage est fondamental, quoiqu'il soit susceptible de quelques critiques, & que ses évaluations aient été reconnues trop basses par le comité des contributions de l'Assemblée constituante, d'après des vérifications particulières, & un mémoire du citoyen Dupont, mémoire qui est en ce moment égaré.

C'est en partie sur le travail de Lavoisier, que le citoyen Delagrange a composé le petit essai qu'on trouvera à la suite, lequel présente des résultats importans, & d'ailleurs, est en quelque sorte un témoignage d'estime donné à l'un des plus savans calculateurs politiques de France, par un des premiers géomètres de l'Europe.

J'ai considéré aussi qu'au moment où l'on alloit constituer les contributions publiques, vider encore une fois la querelle de l'impôt direct & de l'impôt indirect, & assigner à chacun ses véritables bornes, il étoit bon de fixer l'attention sur les produits imposables de la propriété territoriale. Le nom de Lavoisier attirera peut-être la curiosité de ceux pour qui la matière elle-même peut être indifférente.

Enfin, je me suis plu à penser, qu'en réimprimant cet ouvrage, devenu très-rare, je rendois un nouvel hommage à son auteur, & j'avois quelque droit à prendre ce soin. C'est à ma prière que Lavoisier a remis son travail au comité des contributions publiques, & c'est sur ma proposition que l'Assemblée constituante en a ordonné l'impression, & la mention honorable dans son procès-verbal. ROEDERER.

RÉSULTATS

Extraits d'un Ouvrage intitulé : DE LA RICHESSE TERRITORIALE DU ROYAUME DE FRANCE;

Ouvrage dont la rédaction n'est point encore achevée :

Remis au Comité de l'imposition, par M. LAVOISIER, de l'Académie des sciences, Député-suppléant à l'Assemblée nationale, & Commissaire de la Trésorerie.

IMPRIMÉ PAR ORDRE DE L'ASSEMBLÉE NATIONALE.

1791.

AVERTISSEMENT

L'OUVRAGE dont j'ai communiqué les principaux résultats au comité de l'imposition, & dont l'Assemblée nationale a décrété l'impression, a été commencé dès 1784. M. du Pont, aujourd'hui membre de l'Assemblée nationale, en avoit jeté les premières bases dans un mémoire rédigé pour le comité d'administration de l'agriculture, qui se tenoit alors sous la présidence de M. de Vergennes.

J'ai cherché depuis à donner plus d'étendue à ce travail, à rassembler plus de faits positifs, à multiplier les moyens de vérification, à me former des méthodes pour calculer les consommations & les productions, comme on s'en est fait pour calculer la population.

Vingt fois j'ai repris & interrompu ce travail, & quoique je sentisse l'importance de son objet, quoique je desirasse d'en publier les résultats assez tôt pour que le comité de l'imposition pût s'en aider dans la fixation des bases de l'impôt, continuellement détourné par des occupations d'un autre genre, & dont plusieurs même n'étoient pas étrangères à l'Assemblée nationale, il m'a été absolument impossible d'y mettre la dernière main.

C'est le sort de presque tous les ouvrages de longue haleine; rarement ils sont achevés. Il reste même aux personnes les plus habituées au travail, si peu d'instans qui

A 2

ne soient pas affectés à des devoirs d'une nécessité impérieuse, que le temps se consume à former des projets d'ouvrages, sans qu'il soit permis de les exécuter.

Cependant, puisque le comité de l'imposition, puisque l'Assemblée nationale a jugé que ces Essais, tout imparfaits, tout incohérens qu'ils sont encore, pouvoient être de quelque utilité, je dois le sacrifice de mon amour-propre, & je ne fais plus qu'obéir.

Qu'il me soit permis d'observer ici que le genre de combinaisons & de calculs dont j'ai cherché à donner ici quelques exemples, est la base de toute l'économie politique. Cette science, comme presque toutes les autres, a commencé par des discussions & des raisonnemens métaphysiques: la théorie en est avancée ; mais la science-pratique est dans l'enfance, & l'homme d'état manque à tout instant de faits sur lesquels il puisse reposer ses spéculations.

Puissent les représentans de la nation française ; puissent ces hommes de génie, dont les travaux feront l'étonnement des races futures, comme ils font dès aujourd'hui l'admiration de toutes les nations, sentir combien leur marche auroit été plus assurée, combien ils auroient évité de difficultés, peut-être d'erreurs, si les philosophes qui les ont précédés, avoient préparé d'avance les matériaux de l'édifice qu'ils se proposoient d'élever, si leurs travaux eussent été établis sur des faits, au lieu de l'être sur des raisonnemens.

Il ne tiendra qu'à eux de fonder pour l'avenir un établissement public où viendront se confondre les résultats de la balance de l'agriculture, du commerce & de la population ; où la situation du royaume, sa richesse en hommes, en productions, en industrie, en capitaux accumulés, viendront se peindre comme dans un tableau raccourci.

Pour former ce grand établissement, qui n'existe dans aucune nation, qui ne peut exister qu'en France, l'Assemblée nationale n'a qu'à le desirer & le vouloir. L'organisation actuelle du royaume semble avoir été disposée d'avance pour se prêter à toutes ces recherches. L'administration générale peut, par l'intermédiaire des directoires de départemens & de districts, atteindre avec facilité jusqu'aux dernières ramifications de l'arbre politique, jusqu'aux municipalités ; avec une correspondance patriotique de cette espèce, il n'est point de renseignemens qu'on ne puisse obtenir ; point de travaux qu'on ne puisse entreprendre.

DISCOURS PRÉLIMINAIRE.

Le produit ou le revenu territorial d'un grand empire peut être envisagé sous différens rapports ; & de ces différens rapports naissent une foule de considérations importantes.

Le produit territorial, considéré dans son ensemble, est la somme de toutes les productions du sol, de tout ce qui croît sur le sol & aux dépens du sol, soit pour l'usage des hommes, soit pour l'usage des animaux.

Ainsi, non-seulement les pâturages & les fourrages qui croissent dans les prairies, sont un produit territorial, mais la genisse & le poulain qui s'y élèvent, mais l'augmentation de valeur du bœuf qui s'y engraisse, les accrus des bestiaux, le lait, le beurre, les fromages qui proviennent des vaches qui s'y nourrissent, sont véritablement un produit du territoire.

Mais c'est dans l'évaluation de ce produit en argent, dans son estimation en valeur numéraire, qu'il est aisé de se tromper. Dans presque tous les essais de ce genre, on a fait une foule de doubles & de triples emplois ; on a fait entrer en compte deux ou trois fois la même valeur, & on est arrivé à des résultats faux & exagérés.

Je prie le lecteur de me permettre d'insister sur ces premiers principes, qui sont absolument nécessaires pour l'intelligence de tous les résultats contenus dans cet essai, & de me pardonner des détails qui paroîtront peut-être d'un genre trivial à ceux qui n'en sentiront point l'importance.

Les pailles sont un produit territorial : cependant, si, en évaluant les produits d'une ferme, on faisoit entrer en ligne de compte le prix de la paille & celui du bled, on feroit évidemment un double emploi ; car les pailles, excepté dans les environs des grandes villes, ne sont point un produit qu'on puisse réaliser en argent ; & comme il est nécessaire de les consommer & de les convertir en fumier pour parvenir à la production du bled, leur valeur se trouve implicitement confondue dans celle du bled.

Il en est de même des fourrages & de l'avoine qui se consomment par les chevaux de labour, & dont la valeur se trouve confondue dans celle du bled, comme faisant partie des frais de culture qui l'ont fait naître. On ne pourroit les porter en recette, sans être obligés de les porter aussitôt en dépense dans le compte de l'agriculture ; ce n'est donc point un revenu réel, & on ne peut les faire entrer que pour mémoire dans les richesses annuellement renaissantes de la nation.

Ces mêmes considérations s'appliquent naturellement au produit des prairies & des herbages : ajouter ce produit à celui des bestiaux qui s'y élèvent ou qui s'en nourrissent, c'est évidemment compter deux fois la même chose.

Mais le produit ou le revenu territorial, dépouillé de ces doubles emplois, débarrassé de cette recette & de cette dépense fictives, n'est point encore le produit ou le revenu net. Ce dernier produit n'est qu'un résultat définitif auquel on n'arrive qu'après que toutes les dépenses, généralement quelconques, ont été défalquées.

Je me trouve ainsi conduit à distinguer :

1.º Le produit territorial en nature ; & je l'ai déja défini.

2.º Le revenu territorial en argent, ou plutôt la portion du produit territorial susceptible d'être convertie en argent.

3.º Le revenu net : c'est ce qui reste du revenu territorial en argent, après que toutes les dépenses & charges en ont été prélevées. Cette portion est celle qui se partage entre le trésor public & les propriétaires.

Je pourrois distinguer encore ici le produit territorial à l'usage des hommes, le produit territorial à l'usage des animaux : mais ces distinctions, & quelques autres, exigeroient des développemens trop étendus, & je me trouve forcé de les réserver pour l'ouvrage lui-même, dont je n'ai pour objet que de présenter ici un extrait.

Maintenant que j'ai défini les différentes expressions dont je suis obligé de me servir, & que je suis assuré de me faire entendre, je passe aux principes généraux qui doivent servir de guides dans les recherches qu'on peut faire sur le produit & le revenu territorial d'un grand empire.

Je poserai pour premier principe, que tout ce qui se consomme tous les ans, se reproduit tous les ans ; car s'il en étoit autrement, si ce qui se consomme ne se reproduisoit pas, la denrée, ou l'objet quelconque de consommation, seroient bientôt épuisés.

Ce principe cependant n'est rigoureusement vrai, qu'à l'égard des denrées ou marchandises dont il ne se fait ni exportation ni importation ; & c'est la position où se trouve la France, relativement à presque toutes les denrées de nécessité première que produit son sol. Elle exporte peu de bled, & s'il en est sorti quelquefois dans les années abondantes, l'objet a toujours été peu considérable, en comparaison de la production annuelle ; & d'ailleurs ces quantités ont presque toujours été compensées par des quantités à-peu-près égales, qu'on a été obligé d'importer dans les années suivantes.

Ce principe exige encore une seconde modification : il n'est pas rigoureusement vrai pour chaque année en particulier, mais bien pour une année moyenne, prise sur une suite d'années consécutives.

Il y a donc, au moins pour la majeure partie des productions territoriales du royaume de France, une équation, une égalité entre ce qui se produit & ce qui se consomme : ainsi, pour connoître ce qui se produit, il suffit de connoître ce qui se consomme, & réciproquement.

Un second principe, également évident, c'est que la consommation totale qui se fait dans un royaume, est égale à la consommation moyenne des individus, multipliée par leur nombre. Et en supposant qu'on distingue les individus en différentes classes, la consommation totale sera égale à la somme des consommations moyennes de chaque classe, multipliée par le nombre d'individus dont chaque classe est composée.

L'application de ces deux principes exigeoit que je commençasse par faire des recherches sur la population du royaume, non pas en masse seulement, non pas seulement par province, ou par département, mais avec distinction de classes, d'états & de professions. Je me suis aidé, à cet égard, des travaux de Moheau & de M. de la Michaudière ; & d'après les résultats particuliers qu'ils ont donnés pour différens cantons de la France, je suis parvenu à me former des tableaux suffisamment exacts de la population du royaume, avec distinction d'âge, de sexe, de profession. J'y ai distingué le nombre des gens mariés, celui des hommes veufs, des femmes veuves, &c. On y voit que les ci-devant nobles, en y comprenant les ennoblis, ne formoient qu'un 300.ᵐᵉ de la population du royaume, & que leur nombre, hommes, femmes & enfans compris, n'étoit que de 83,000, dont 18,323 seulement étoient en état de porter les armes. On y voit encore que les autres classes de la société, celles qu'on avoit coutume de confondre sous la dénomination de *Tiers - Etat*, peuvent fournir un rassemblement de 5,500,000 hommes, en état de porter les armes.

Parvenu à des résultats à-peu-près satisfaisans relativement à la population, il a fallu faire de semblables recherches sur la consommation des individus de chaque classe de la société. Ici, il a fallu entrer dans le détail de la dépense des ménages des villes & de ceux des campagnes; évaluer la consommation personnelle du riche, la distinguer de celle de la foule de citoyens qui vit à ses dépens; éviter les doubles emplois, & donner à chaque nature de dépense sa véritable valeur.

Le résultat de tout ce travail m'a conduit à conclure que la consommation annuelle du froment, du seigle & de l'orge, employés à la nourriture des hommes dans tout le royaume, s'élevoit à onze milliards six cent soixante-sept millions de livres pesant, ci...

livres pesant.
11,667,000,000

A quoi ajoutant ce qui s'emploie en semences de ces mêmes grains.............. 2,333,000,000

On a pour la consommation du bled, seigle & orge, année commune........ 14,000,000,000

Ces résultats s'accordent assez bien avec des relevés que M. de la Michaudière m'a anciennement procurés sur la consommation de la ville de Paris en 1736; avec le dépouillement des registres des officiers-mesureurs & porteurs de grains, fait sous le ministère de M. Turgot; enfin, avec les recherches faites dernièrement sur la consommation de la ville de Paris, par le département des subsistances.

C'est déja beaucoup que de connoître, avec quelque exactitude, la consommation du bled de tout le royaume. Car si l'on prend en masse la valeur de toutes les autres consommations, le bled en forme plus de la moitié, & il entre même pour les deux tiers dans la dépense des ménages très-pauvres.

Mais de ce qu'il se consomme, chaque année en France, 14 milliards de livres de bled, semences comprises, il en résulte que toutes les terres du royaume produisent, année commune, 14 milliards pesant de bled. Alors je me suis demandé à moi-même combien il falloit de charrues &

d'arpens de terre pour produire cette quantité de bled.
Des recherches faites sur la production territoriale de différentes provinces ; des expériences que j'ai faites moi-même
dans une ferme que je fais valoir, & dont je suis les produits depuis 15 ans, m'ont appris qu'en prenant une
moyenne, la quantité de bled, produite par une charrue
conduite par des chevaux, étoit de 27,500 livres pesant
environ, & que celle produite par une charrue conduite
par des bœufs, ne pouvoit pas être évaluée à plus de 10
mille livres.

Qu'une charrue bien montée & conduite par des chevaux
pouvoit cultiver chaque année 90 arpens, mesure de roi,
dont 30 en bled, 30 en mars, 30 en jachères.

Qu'une charrue conduite par des bœufs ne pouvoit cultiver annuellement que 30 arpens, dont moitié en bled &
moitié en jachères, indépendamment d'une quantité à-peu-
près égale de terre qui reste en vaine pâture pour la nourriture des bœufs ; en sorte que, tout compris, une charrue
cultivée par des bœufs peut embrasser une étendue de ter-
rain de 60 arpens.

On conçoit comment, d'après ces données, j'ai pu déterminer avec quelque précision le nombre des charrues en
activité dans tout le royaume, la quantité d'arpens cultivés
en terres labourables, le nombre des chevaux, & celui des
bœufs attachés à l'agriculture.

Toutes ces évaluations portent, comme l'on voit, sur
la production & sur la consommation du bled ; & cette
base est, en général, assez exacte & assez sûre : car il est
difficile de commettre de grandes erreurs sur un objet de
consommation aussi habituel, aussi journalier & aussi nécessaire. Mais quelque exacte que soit la base d'un calcul,
dès qu'il s'y mêle quelque chose d'hypothétique, on risque,
dans une longue suite de résultats, de s'écarter insensible-
ment de la vérité. J'ai donc pensé qu'il étoit nécessaire
de chercher à me rectifier moi-même, & j'en ai trouvé
le moyen dans la mesure de l'étendue territoriale du
royaume.

M. Paucton, le dernier des auteurs modernes qui se soit
occupé de cet objet, a reconnu, en divisant la surface du
royaume en carrés d'égale grandeur, qu'il contenoit cent
cinq millions d'arpens, mesure de roi, ou cent quarante→

un millions six cent soixante-six mille six cent vingt mesures de mille toises quarrées de superficie.

Il résulteroit des calculs fondés sur la consommation du bled, que de ces cent cinq millions d'arpens, il s'en cultive chaque année,

En bled, { par les chevaux, ... 9,600,000 } 18,600,000   arpens.
       { par les bœufs. ..... 9,000,000 }

En mars, par les chevaux............... 9,600,000

Qu'il reste en jachères, dans les pays cultivés { par les chevaux........ 9,600,000 } 18,600,000
            { par les bœufs. .... 9,000,000 }

En vaines pâtures, dans les pays cultivés par des bœufs...................... 18,000,000

TOTAL................... 64,800,000

Que le surplus, montant à 40,200,000 d'arpens, est en bois, en vignes, en prairies, en landes, en terrains incultes, en chemins, en rivières, &c.

Ce résultat surprendra peut-être ; on a peine à se persuader, quand on a traversé les plaines de la Beauce, de la Brie, des ci devant provinces de Champagne, de Picardie, &c., qu'il n'y ait pas même les deux tiers de la superficie du royaume, qui soient cultivés en terres labourables. Je suis moi-même quelquefois tenté de croire que j'ai évalué un peu trop bas le nombre des charrues en activité dans le royaume, que j'ai porté trop haut le produit des terres. Quoi qu'il en soit, la loi qui m'est imposée de publier mes résultats, ne me laisse pas le temps de recommencer dans ce moment mes calculs ; & je ne pense pas, d'ailleurs, qu'ils s'écartent beaucoup de la vérité.

On conçoit que du nombre des charrues qui sont en activité dans le royaume, il est possible de conclure avec quelque certitude le nombre des chevaux & des bœufs attachés à l'agriculture, même le nombre des vaches & des moutons, quoique avec un peu plus d'incertitude. Les recherches que j'ai faites à cet égard dans différentes parties du royaume, m'ont appris qu'il falloit compter au moins sur trois chevaux par charrue, dans les pays où l'on cultive avec des chevaux, & sur quatre à cinq bœufs par charrue dans les autres; que le nombre des moutons étoit de 28 à 30 par charrue, &c. C'est sur de semblables considérations, que j'ai fondé l'évaluation du nombre des bestiaux du royaume. Cette partie de mon travail est, comme l'on voit, fort hypothétique, mais en multipliant les observations, en augmentant le nombre des données, on parviendra, & je parviendrai moi-même, à corriger les erreurs de ces premiers apperçus.

Quoi qu'il en soit, la consommation des bestiaux qui se fait dans les villes, m'a fourni des moyens de vérification que je n'ai pas dû négliger. Je me suis procuré des relevés exacts de la quantité de bestiaux de différentes espèces qui entrent à Paris, & qui s'y consomment, année commune: je les ai rapprochés des apperçus que j'ai pu me procurer sur quelques villes de province; & j'ai reconnu que la quantité de viande que consomment les habitans des grandes villes, est de six à sept onces par tête, qu'elle est de quatre onces seulement par personne dans les villes d'un ordre inférieur; enfin, d'après les renseignemens que je me suis procurés sur la consommation des fermes & des ménages champêtres, je suis porté à croire que la consommation de la viande est de deux onces environ par personne dans les campagnes.

Mais le pain & la viande ne sont pas les seules nécessités de la vie; l'homme le plus pauvre a besoin d'être vêtu, d'être chauffé, d'être logé. Une partie des aliniens ne se mange pas sans préparation; il faut du feu pour les faire cuire. J'ai conclu, après de longs calculs & d'après des renseignemens qui m'ont été fournis par des curés de campagne, que dans les familles les plus indigentes, chaque individu n'avoit que 60 à 70 livres à consommer par an, hommes, femmes & enfans de tous âges compris; que les familles qui ne vivent que de pain & de laitage, qui sont propriétaires d'une vache que les enfans mènent paître à la corde le long des chemins & des haies, dépensoient même encore moins.

Qe la consommation moyenne des hommes adultes étoit à-peu-près égale à la paie du soldat, c'est-à-dire de 250 l. environ par an; que la dépense des femmes étoit au plus des deux tiers de celle des hommes. Enfin que dans un ménage de campagne, composé d'un mari, d'une femme

& de trois enfans en bas âge, la confommation du père
pouvoit être évaluée à.......................... 251^l //^{s} //^{d}

Celle de la mère, à..................... 167   6   8

Celle des trois enfans, à une fomme égale
à celle confommée par la mère......... 167   6   8

TOTAL................... 585^l 13^s 4^d

C'eft pour chaque individu, l'un dans l'autre, 117 liv.
2 f. 8 d.

Pour fubvenir à cette dépenfe, il faut que le père & la
mère gagnent par jour, fêtes & dimanches compris, 38 f.
3 deniers.

Cette fituation n'eft celle ni des familles les plus pauvres,
ni celle des familles les plus riches ; c'eft à-peu-près la
confommation moyenne de tous les habitans du royaume :
& comme le nombre des citoyens pauvres eft incompara-
blement plus confidérable que celui des citoyens aifés, cette
fomme eft encore un peu au-deffus de la dépenfe moyenne.

Il eft bien remarquable qu'après tant de recherches & de
calculs, on arrive précifément au réfultat que M. Quefnay
avoit indiqué dans la philofophie rurale ; réfultat qui a
donné lieu à l'agréable brochure de Voltaire, intitulée :
L'Homme aux quarante écus. Ce pamphlet eft à-la-fois
un chef-d'œuvre de profondeur & de plaifanterie. Pour le
philofophe, c'eft un traité complet d'économie politique ;
pour l'homme du monde, c'eft un conte plein de gaieté :
le génie fupérieur à tous a trouvé moyen de fe mettre au
niveau de tous.

Voltaire, dans cet écrit, a cependant fuppofé les habitans de la France un peu plus riches qu'ils ne le font en
effet, qu'ils ne l'étoient fur-tout à l'époque où il écrivoit.
Peut-être n'a-t-il pas fait entrer dans fon calcul les enfans
en bas âge. Quoi qu'il en foit, ce n'eft qu'à 110 livres
par tête que doit être fixée, fuivant mes calculs, la confommation moyenne des habitans de la France. En multipliant cette fomme par le nombre des habitans du royaume,
c'eft-à-dire, par vingt-cinq millions, on aura deux milliards
fept cent cinquante millions pour la confommation totale
qui fe fait en France.

Cette fomme, d'après les définitions que j'ai données au
commencement de cet écrit, eft la production annuelle &

territoriale du royaume, à l'ufage des hommes ; c'eft ce que j'ai appelé le revenu réel du royaume, dépouillé de tout double emploi. Mais ce n'eft point encore le revenu net ou impofable : il faut, pour arriver à ce dernier réfultat, en déduire les frais de culture, les confommations de tous les agens qui y concourent directement ou indirectement, enfin toutes les charges de l'agriculture.

Il étoit néceffaire qu'avant de préfenter les réfultats que j'ai annoncés, je rendiffe compte de la méthode que j'ai fuivie pour les obtenir. Je comparerois volontiers mon travail à une carte géographique, dans laquelle tous les points font liés entre eux par une fuite de triangles. Le mérite de la carte dépend de l'exactitude qu'on a apportée dans la mefure de la bafe & dans la détermination des angles. Mais, comme les erreurs fe multiplient à mefure qu'on s'éloigne du terme dont on eft parti, il eft prudent, il eft néceffaire de vérifier de temps en temps les diftances déterminées par le calcul, afin de fe rectifier & de connoître au moins jufqu'à quel point on s'écarte de la vérité. C'eft cette marche que je me fuis efforcé de fuivre : autant qu'il m'a été poffible, j'ai cherché à parvenir au même but par deux routes différentes, & je n'ai été fatisfait qu'autant que j'ai obtenu des réfultats à-peu-près concordans.

Il y auroit un moyen de porter dans ce travail un beaucoup plus grand degré de clarté : il confifteroit à former, pour une année commune, le compte ou le bilan général de toutes les productions du royaume. Chaque efpèce de produit y auroit fon chapitre particulier. L'agriculture du royaume feroit confidérée comme formant le domaine d'un feul individu, qui fe chargeroit en recette de toutes les productions, & qui juftifieroit de leur emploi. Ainfi, en prenant pour exemple le chapitre du bled, l'agriculteur fe chargeroit en recette de tout le bled récolté dans le royaume, montant à quatorze milliards de livres. Toute cette quantité de bled reffortiroit enfuite dans un chapitre de dépenfe, fous différens titres, à-peu-près ainfi qu'il fuit :

Livré aux cultivateurs du royaume pour être employé en femences.

Livré aux cultivateurs pour leur fubfiftance pendant l'année.

Livré aux moiffonneurs pour pour frais de moiffons.

Livré aux batteurs en grange, pour frais de battage.

Livré aux préposés chargés de la collecte de l'impôt.

Livré aux propriétaires pour prix de fermages.

Un chapitre semblable seroit ouvert pour toutes les productions du royaume. Enfin, à ce compte général en nature, seroit joint un compte général en argent, qui joueroit avec tous les autres.

Le compte des laines, des chanvres, du lin, de toutes les matières premières de l'industrie, seroit sur-tout intéressant, parce qu'il présenteroit le point de contact qui lie l'agriculture & le commerce. On y verroit que la valeur des produits du commerce & de l'industrie est absolument égale au montant de ses consommations : en sorte que vendre du drap à l'étranger, c'est vendre de la laine & du bled ; avec cette différence seulement, que la nation qui fabrique, gagne dans la balance de la population, puisqu'elle a de plus chez elle les individus qui ont fabriqué le drap, qui ont consommé le bled.

Un travail de cette nature contiendroit, en un petit nombre de pages, toute la science de l'économie politique, ou plutôt cette science cesseroit d'en être une ; car les résultats en seroient si clairs, si palpables ; les différentes questions qu'on pourroit faire, seroient si faciles à résoudre, qu'il ne pourroit plus y avoir de diversité d'opinion.

Ce compte, ce bilan général ne seroit pas porté tout-à-coup à son dernier état de perfection : il contiendroit peut-être des erreurs ; mais le temps fourniroit les moyens de les rectifier.

Rien n'empêcheroit qu'après avoir essayé de donner une idée générale de la comptabilité de l'agriculture pour une année commune, on n'essayât de former le compte particulier de chaque année. On verroit alors quelle est l'influence de l'abondance des récoltes sur la richesse nationale, ce que le territoire peut supporter d'impôt dans une bonne année, le soulagement qu'il est nécessaire d'accorder dans une mauvaise ; on connoîtroit ce qu'on peut exporter sans risque, &c.

Ces comptes généraux qu'on pourroit étendre à la population & à la balance du commerce, formeroient un véritable thermomètre de la prospérité publique ; & chaque législature verroit d'un coup-d'œil, dans des états sommaires, le bien comme le mal qui auroient résulté des opérations faites par les législatures précédentes.

Tel eſt le plan que je m'étois formé, & dont je n'ai exécuté que la plus foible partie. Mais ce qui préſentoit, pour un particulier, des difficultés preſque inſurmontables, deviendra facile pour l'Aſſemblée nationale, dès que cet objet lui paroîtra digne de ſon attention.

Ce qui l'intéreſſe dans ce moment, eſt de connoître à quelle ſomme numéraire s'élève le revenu net du royaume, le ſeul qui ſoit ſuſceptible d'être impoſé. J'oſe aſſurer avec confiance qu'il n'excède pas un milliard deux cent millions, quand le prix du bled eſt de 24 livres le ſeptier, c'eſt-à-dire de deux ſous la livre; & qu'au prix actuel du bled, il n'excède pas beaucoup un milliard.

En prenant un milieu entre ces deux termes, il me paroît impoſſible que l'impoſition foncière fixée au ſixième, comme l'a décrété l'Aſſemblée nationale, puiſſe rendre, même en ſuppoſant la perception très-régulière, plus de 180 millions.

A cette ſomme, doit être ajoutée la contribution foncière des villes; & voici ſur quelles baſes il me ſemble qu'on peut l'évaluer.

La ſomme totale de tous les loyers de la ville de Paris s'élève environ à 70 millions; mais on ne peut pas eſpérer qu'ils ſe ſoutiennent à ce prix. Le loyer ayant été pris pour la baſe de la contribution mobiliaire, il en réſultera une tendance à diminuer ce genre de dépenſe. Les retranchemens qu'un grand nombre de citoyens ſeront forcés de s'impoſer par une ſuite de la diminution des émolumens & des traitemens publics, formeront encore une cauſe de diminution des loyers; & l'on ne croit pas qu'on puiſſe les évaluer, d'ici à quelques années, au-delà de 48 millions, dont le ſixième pourra produire une impoſition foncière de 8 millions.

Les villes de première claſſe, Lyon, Bordeaux, Marſeille, Rouen, Nantes, &c. pourront fournir une ſomme à-peu-près égale. Enfin, en réuniſſant toutes les contributions foncières des villes, on pourra peut-être atteindre à 30 millions. Ainſi, la contribution foncière de tout le royaume, d'après les proportions décrétées par l'Aſſemblée nationale, n'atteindra qu'à peine 210 millions. Elle ſera par conſéquent, & j'oſe le prédire, au moins de 30 millions, & probablement de beaucoup plus, au-deſſous de ce que l'Aſſemblée nationale en eſpère. La ſomme affectée aux dépenſes des départemens, & que l'Aſſemblée nationale a évaluée à 60 millions, se trouvera insuffisante dans la même proportion ; & ce déficit à combler, sera une tâche pénible que l'Assemblée nationale léguera aux législatures qui doivent lui succéder.

Elle auroit prévenu cet inconvénient, si, accordant moins de confiance à des résultats dont j'avois cherché à faire connoître l'exagération, & dans lesquels j'avois démontré des doubles emplois, elle eût persisté dans le premier plan qu'elle avoit formé, & si elle eût décrété que l'imposition foncière pourroit être portée jusqu'au cinquième du revenu net, comme le comité l'avoit proposé.

CHAPITRE

CHAPITRE PREMIER.

DE LA POPULATION DE LA FRANCE.

Tableau des habitans de la France, avec distinction de sexe & d'âge.

AGES.	HOMMES.	FEMMES.	TOTAL.
De 1 à 10 ans	2,979,166	3,369,792	6,348,958
De 11 à 20	2,447,917	2,375,000	4,822,917
De 21 à 30	1,984,375	1,734,375	3,718,750
De 31 à 40	1,755,209	1,619,791	3,375,000
De 41 à 50	1,588,542	1,490,583	3,079,125
De 51 à 60	921,875	979,166	1,901,041
De 61 à 70	645,833	588,542	1,234,375
De 71 à 80	244,792	208,333	453,125
De 81 à 90	36,452	15,625	52,077
De 91 à 100	5,208	10,416	15,624
TOTAUX	12,609,369	12,391,623	25,000,992

Tableau, par apperçu, des habitans de la France, avec distinction d'état & de professions.

(Il ne faut pas perdre de vue que chacune des classes ci-après comprend les hommes, les femmes & les enfans.)

Population des villes & gros bourgs, en ce nombre, non compris les agens de l'agriculture, qui demeurent dans les villes & bourgs 8,000,000

Laboureurs, fermiers, valets, filles de basse-cour, bergers, hommes, femmes & enfans compris 6,000,000

Journaliers occupés à battre en grange pendant l'hiver, à faucher & à moissonner pendant l'été, terrassiers, maçons & autres, vivant aux dépens de l'agriculture, eux & leurs familles 4,000,000

Vignerons & leurs familles 1,750,000

Salariés par les vignerons & propriétaires de vignes 800,000

Marchands, cabaretiers, fournisseurs des bourgs & villages, maréchaux, bourreliers, charrons, vivant aux dépens de l'agriculture, hommes, femmes & enfans compris 1,800,000

Petits propriétaires, vivant, pour la plus grande partie, du produit de leurs fonds 450,000

De cette part 22,800,000

Report....................................	22,800,000

Matelots, journaliers de toute espèce, attachés aux manufactures hors des villes, carriers, mineurs, voituriers-rouliers, nobles, ecclésiastiques, & leurs domestiques, vivant hors des villes................ **1,950,000**

Armée française.. 250,000

TOTAL.................... 25,000,000

Ce tableau n'est qu'un premier apperçu dont il est impossible de garantir l'exactitude ; le temps seul, & des travaux suivis avec soin dans tous les départemens, pourront donner des idées exactes sur le nombre des habitans du royaume, attachés à chaque profession.

Autres résultats sur la population, d'après les recherches insérées dans l'ouvrage de M. Moheau.

Nombre de gens mariés.................................... 11,100,000

Nombre d'hommes veufs.................................... 609,756

Nombre de femmes veuves.................................... 1,219,512

Nombre d'hommes en état de porter les armes, en ce compris 18,323 nobles ou ennoblis............ 5,519,000

Les ci-devant nobles formoient environ le trois centième de la population, c'est-à-dire, hommes, femmes & enfans compris, environ................ 83,000

CHAPITRE II.

Essai sur le dénombrement des chevaux & bestiaux.

CHEVAUX.

Nombre de chevaux occupés des travaux de l'agriculture dans les pays où l'on cultive avec les chevaux......... 960,000

Nombre de chevaux occupés des travaux de l'agriculture, dans les pays où l'on cultive avec des bœufs.. 600,000

Nombre de chevaux de la ville de Paris................ 21,500

Nombre de chevaux de toutes les autres villes du royaume, & employés pour le roulage............ 160,000

Chevaux attachés à l'armée française................ 40,000

TOTAL des chevaux du royaume, en ce non compris les élèves.................... 1,781,500

BESTIAUX.

Nombre de bœufs, à compter de l'âge où ils commencent à travaille.................... 2,700,000 ⎱

Bœufs à l'engrais.................... 389,000 ⎰ 3,089,000

Nombre de vaches.................................... 4,000,000

Nombre de moutons.................................... 20,000,000

Nombre de porcs.................................... 4,000,000

CHAPITRE III.

De l'étendue territoriale du royaume, & de sa culture.

Nombre d'arpens, mesure de roi, qui forment la superficie totale de la France, d'après les recherches très - exactes de M. Paucton. 105,000,000

Nombre de charrues conduites par des chevaux. 320,000
Nombre de charrues conduites par des bœufs. 600,000

Total des charrues. 920,000

Nombre d'arpens cultivés chaque année
en bled { par les chevaux. . . . . 9,600,000 } 18,600,000
{ par les bœufs. . . . . 9,000,000 }

En mars, par les chevaux. 9,600,000

Nombre d'arpens qui restent en jachères dans les
pays cultivés { par des chevaux. . . . 9,600,000 } 18,600,000
{ par des bœufs. . . . . . . 9,000,000 }

Nombre d'arpens, mesure de roi, qui restent en vaines pâtures, dans les pays cultivés par des bœufs. 18,000,000

Total. 64,800,000

On sera peut-être étonné de voir qu'il n'y a pas les deux tiers du royaume qui soient cultivés en terres labourables; mais on doit considérer que sur l'étendue territoriale du royaume, il faut déduire les chemins, les rivières, les terres en friches, &c.

Que dans quelques-unes des ci-devant provinces de France, comme en Bretagne, les terres ne sont cultivées qu'une année sur dix, quelquefois sur vingt, & qu'elles sont le reste du temps en pâturages.

Qu'indépendamment des terres labourables, il y a les bois, les prés, les jardins, les parcs, &c.

Si l'on veut bien peser ces différentes considérations, on reconnoîtra que les calculs faits sur les consommations se raccordent très-bien avec ceux faits sur l'étendue géométrique du territoire. On n'en sera que plus disposé à donner quelque confiance à ces résultats.

———————

CHAPITRE IV.

Des consommations de toute espéce qui se font annuellement dans le royaume.

CONSOMMATION DU BLED.

	liv. pesant
Consommation du bled, seigle & orge, pour la nourriture des hommes..	11,667,000,000
Bled employé en semences..........................	2,333,000,000
TOTAL en livres pesant de bled, seigle & orge, qui se récoltent & se consomment dans le royaume, en ce non compris l'orge qui est consommée par les animaux..	14,000,000,000

La valeur actuelle du bled n'excéde pas un sou six deniers par livre : à ce prix, il se consommeroit annuellement en France pour 875,023,000 liv. de bled. Mais il faut une suite non interrompue de bonnes récoltes, pour que le bled tombe à ce prix. Sa valeur moyenne, ou plutôt sa valeur naturelle en France, est de deux sous la livre ; & alors la valeur de la consommation totale s'éleveroit à 1,167,000,000 liv.......

CONSOMMATION DE L'AVOINE.

La consommation de l'avoine, non comprises les semences, est d'environ 400,000,000 de boisseaux, mesure de Paris ; la valeur en argent est d'environ 200 millions : mais sur ce produit, il ne faut en faire entrer au plus que 40 millions en revenu réel, le surplus étant consommé par les chevaux de labour & autres attachés à l'agriculture.

CONSOMMATION DE LA VIANDE.

Nombre de bestiaux qui se consomment annuellement à Paris, d'après les registres des droits d'entrée.

ESPÉCES de BESTIAUX.	NOMBRE de BESTIAUX.	LIVRES de VIANDE.
Bœufs.................................	70,000	49,000,000
Vaches................................	18,000	4,500,900
Veaux.................................	120,000	7,200,000
Moutons...............................	350,000	14,000,000
Porcs..................................	35,000	7,000,000
Chair morte...........................	....	600,000
TOTAL de la consommation de Paris.	593,000	82,300,000

Évaluation du nombre de bestiaux qui se consomment annuellement dans toutes les villes du royaume, en y comprenant la ville de Paris.

ESPÈCES de BESTIAUX.	NOMBRE de BESTIAUX.	LIVRES de VIANDE.
Bœufs...............................	397,000	277,900,000
Vaches..............................	454,000	113,500,000
Veaux...............................	1,482,500	59,300,000
Moutons............................	3,756,250	150,250,000
Porcs...............................	443,750	88,750,000
TOTAL de la consommation des villes du royaume.............	6,533,500	689,700,000

Il se consomme en outre dans les campagnes, par les agens de l'agriculture & autres, environ 3,000,000 de porcs du poids chacun de 150 livres : ce qui forme un total de 450,000,000 de livres.

Les habitans des campagnes consomment, de plus, les moutons qui périssent d'accidens, qui ont été blessés, &c. : en évaluant leur nombre à 1,500,000, & leur poids à 35 livres, ce seroit encore une quantité de 52,500,000 livres de viande.

Enfin, on estime qu'ils consomment 600,000 veaux, pesant 30 livres chacun, & ensemble 18,000,000 de livres ; & 6,000 vaches, pesant 200 livres chacune, & ensemble 1,200,000 livres.

En réunissant toutes ces quantités, on trouve le résultat suivant :

Consommation totale des bestiaux dans tout le royaume.

ESPÈCES de BESTIAUX.	NOMBRE de BESTIAUX.	LIVRES de VIANDE.
Bœufs...............................	397,000	277,900,000
Vaches..............................	460,000	114,700,000
Veaux à différens poids............	2,082,500	77,300,000
Moutons à différens poids...........	5,256,250	202,750,000
Porcs à différens poids.............	3,443,750	538,750,000
TOTAL de la consommation du royaume.............	11,639,500	1,211,400,000

La consommation moyenne de la viande en France, est, comme l'on voit, environ du dixème en poids de la consommation du pain ; elle est de 6 à 7 onces par jour par personne, à Paris, & dans les grandes villes ; de 4 onces environ dans les villes de province, & d'une once & demie environ dans les campagnes.

CONSOMMATION DU VIN.

On n'a que des résultats assez vagues sur la consommation des liqueurs spiritueuses, & il ne seroit pas impossible qu'on se trompât d'un quart, d'un tiers, & même de moitié, dans les évaluations ci-après.

On estime qu'il se consomme en France 4,500,000 pintes de vin par jour, sans compter le cidre & le poiré.

La consommation annuelle de vin seroit donc de 1,642,500,000 pintes, mesure de Paris, ou de 5,703,125 muids.

CHAPITRE V.

De la consommation moyenne du royaume, évaluée en argent.

Il n'est pas aussi facile qu'on le croiroit d'abord, d'établir la consommation moyenne des habitans du royaume.

Les hommes consomment en général plus que les femmes ; les femmes plus que les enfans en bas âge ; & dans une famille composée d'un mari, d'une femme & de trois enfans au-dessous de dix ans, le père consomme presque autant à lui seul que le reste de la famille.

La consommation des individus varie encore davantage à raison des circonstances dans lesquelles ils se trouvent, & de l'aisance dont ils jouissent.

Une partie des habitans de la campagne ne mange point de viande : les habitans de Paris & de quelques grandes villes en consomment par jour 6 & 7 onces, ceux des petites villes n'en consomment que 4 à 5, ceux des campagnes, 2 onces tout au plus ; le surplus de leur nourriture est de pain, de légumes, de fruits, de beurre, de fromage, de laitage.

La consommation du pain elle-même varie en raison de l'abondance des récoltes, & les classes les moins aisées de la société mangent moins de pain quand il est cher, que quand il est à bon marché.

On ne peut donc obtenir des résultats, dignes de quelque confiance, sur la consommation moyenne des habitans du royaume qu'après de longs calculs.

Voici ceux auxquels je suis parvenu. Dans les familles les plus indigentes, chaque individu n'a que 60 à 70 livres à consommer par an, hommes, femmes & enfans de tout âge compris : c'est l'état de la plus extrême pauvreté. Les laboureurs, domestiques & agens de l'agriculture jouiront en général d'une plus grande aisance. La consommation moyenne des hommes adultes est à-peu-près égale à la paie du soldat ; celle des femmes, d'un peu de moitié plus de celle des hommes adultes, &c. Enfin, en faisant entrer en ligne de compte les riches, les habitans des villes, la consommation moyenne de tous les habitans du royaume est entre 100 & 120 livres.

En multipliant ces nombres par celui des habitans du royaume, qui est de 25 millions, on a pour l'évaluation en argent, de la consommation totale du royaume, 2 milliards 500 millions, à 3 milliards; & en prenant un milieu, 2 milliards 700 millions.

Cette somme est le revenu réel du royaume, dépouillé de tout double emploi; mais ce n'est encore que le revenu brut; & pour avoir le produit net, ou le revenu imposable, il faut encore en déduire tous les frais de culture & toutes les dépenses à la charge de l'agriculture, ainsi qu'on l'exposera dans le chapitre VII.

CHAPITRE VI.

Essai sur le partage des récoltes.

PARTAGE DU BLED.

	livres de bled.
Bled employé en semences........................	2,333,333,333
Consommation des cultivateurs...................	925,680,000
Dépenses des moissons..........................	1,068,340,000
Frais de battages...............................	420,000,000
Autres dépenses d'exploitation..................	1,971,620,000
Dîmes à la vingtième (*)........................	700,000,000
Vingtièmes & sous pour livre....................	416,500,000
Tailles & accessoires...........................	1,120,000,000
Droit représentatif de la corvée................	186,666,667
Portion des droits de gabelles & de tabac.......	462,700,000
Part des propriétaires..........................	4,395,160,000
TOTAL......................	14,000,000,000

On n'a point encore pu se procurer des résultats exacts sur le partage des autres récoltes.

CHAPITRE VII.

Calcul du produit net du revenu territorial du royaume, évalué en argent.

Le produit dont le tableau est ci-après, est celui que les économistes ont appelé *le produit net* ou *imposable.* C'est le revenu territorial du royaume, dépouillé de tous doubles emplois, & déduction faite de toutes les dépenses généralement quelconques à la charge de l'agriculture, si ce n'est l'imposition qui est encore comprise dans ce produit.

(*) Les calculs présentés par ce tableau ont été faits avant la suppression de la dîme. Aujourd'hui, d'après les décrets de l'Assemblée nationale, elle doit être ajoutée à la part du propriétaire. On a laissé subsister ici cet article, pour faire voir que la seule dîme du bled montoit à 70 millions, quand le prix du pain est à 2 sous.

Tableau du produit net en argent du revenu du royaume, avant le prélèvement de l'impôt.

Produit des terres cultivées en bled, quand le prix du bled est de deux sous la livre............................... 728,000,000ˡ
Produit des vignes.............................. 80,000,000
Produit des bestiaux........................... 169,000,000
Produit des bois............................... 120,000,000
Produit des laines............................. 50,000,000
Produit de l'avoine consommée par les villes..... 32,000,000
Produit du foin consommé dans les villes......... 12,000,000
Produit de la paille consommée dans les villes... 5,500,000
Produit des soies.............................. 2,000,000

TOTAL.........................1,198,500,000ˡ

Ce produit se trouve diminué de 180 millions, & réduit à 1 milliard 165 millions, quand le bled tombe à 1ˢ 6ᵈ la livre.

Il manque à ce tableau le produit des œufs, beurre & fromages vendus aux villes par les agens de l'agriculture; celui des fruits & légumes; celui des huiles, &c. Sans pouvoir donner une valeur rigoureuse à ces productions, on croit pouvoir conclure que le produit du territoire du royaume excède 1200 millions, quand le prix du bled est de 2ˢ la livre; & qu'il n'excède pas 1 milliard 50 millions, quand ce même prix tombe à 1ˢ 6ᵈ.

CHAPITRE VIII.
Résultat définitif, évalué en argent.

Produit général du territoire du royaume. (*Ce produit n'étant pas convertible en argent, du moins en totalité, on induiroit le lecteur en erreur, si on le portoit ici autrement que pour....*MÉMOIRE.)
Portion du produit territorial convertible en argent, défalcation de tout double emploi : c'est la totalité de ce qui se consomme par les hommes............................... 2,750,000,000ˡ

Produit net ou imposable, quand la valeur du bled est de 2ˢ la livre, ou de 24ˡ le setier............... 1,200,000,000ˡ
Sur quoi, défalquant le montant des impositions directes & indirectes, qu'on suppose devoir monter à.............................. 600,000,000

Reste pour la portion que les propriétaires auront à se partager,............................... 600,000,000ˡ

Ainsi, en définitif, sur le produit total du territoire du royaume, qui est de 2 milliards 750 millions, les frais de culture, de subsistance, & autres généralement quelconques des agens de l'agriculture, consomment un peu plus de la moitié. Le surplus, montant à 1200 millions, est partagé à-peu-près par égales portions entre le trésor public & les propriétaires.

ESSAI

SUR LA POPULATION

DE LA VILLE DE PARIS,

SUR SA RICHESSE ET SES CONSOMMATIONS.

LE nombre des naiſſances, dans la ville de Paris, eſt, année commune, de 19,769. En multipliant ce nombre par 30, on peut conclure, avec quelque vraiſemblance, que le nombre des habitans de Paris, de tout ſexe & de tout âge, eſt de 593,070, & en nombres ronds, de 600,000.

Par une vérification faite en 1775, par ordre de M. Turgot, alors contrôleur-général des finances, la quantité de bled & de ſeigle entrée dans Paris pendant une année commune de dix, de 1764 à 1773, s'eſt trouvée de.................. 14,351 muids.

Celle de farine, de,........................ 66,289

Le muid de bled eſt du poids de 2,880 livres, & chaque livre de bled peut fournir une livre de pain, poids pour poids; l'eau qu'on ajoute au pain dans ſa fabrication, rendant à-peu-près un poids égal à celui du ſon qui a été ſéparé par la mouture.

Le muid de farine eſt compoſé de ſix ſacs, du poids chacun de 325 livres; & chaque ſac de farine donne après la cuiſſon, environ 104 pains de 4 livres, ou 416 livres de pain.

On voit, d'après ces données, qu'il entroit à Paris, année commune à cette époque, en nature de bled ou de ſeigle.................. 14,330,880 liv. de pain.

En nature de farine.............. 165,457,344

TOTAL.................. 206,788,224 liv. de pain.

Cette quantité eſt encore à-peu-près celle qui ſe conſomme à Paris, en ſuppoſant toutefois que les quantités de pain qui s'apportent du dehors dans les marchés, ſoient à-peu-près compenſées par celles que les habitans des campagnes emportent avec eux en retour de leurs denrées.

Il en réſulte que la conſommation du pain faite par les habitans de Paris, eſt à-peu-près de 15 onces par perſonne, de tout âge & de tout ſexe.

La conſommation de la viande peut être aſſez exactement évaluée par le nombre de beſtiaux qui ont acquitté les droits d'entrée, multipliés par leur poids. Il eſt à obſerver que les droits ayant toujours été les mêmes à l'entrée de Paris, ſur les gros comme ſur les petits beſtiaux d'une même eſpèce, on ne fait entrer que ceux de la plus forte taille. En conséquence, on a supposé, dans les évaluations ci-après,

Qu'un bœuf fournissoit en viande comestible.... 700 liv. pesant.
Une vache.................................. 360
Un veau.................................... 72
Un mouton.................................. 50
Un porc.................................... 200

C'est dans cette supposition, qu'on a formé le tableau suivant. On n'y a donné aucune évaluation aux bestiaux entrés en fraude; premièrement, parce que leur introduction n'est pas facile; secondement, parce qu'il seroit possible qu'on eût forcé de quelque chose le poids des bestiaux, sur-tout celui des vaches & des veaux; ce qui établit une sorte de compensation.

État du nombre de bestiaux & de livres de viande qui se consomment annuellement à Paris, en nombres ronds.

ESPÈCES de BESTIAUX.	NOMBRE de BESTIAUX.	LIVRES de VIANDE.
Bœufs....................	70,000	49,000,000
Vaches...................	18,000	6,480,000
Veaux....................	120,000	8,640,000
Moutons..................	350,000	17,500,000
Cochons..................	35,000	7,000,000
Viande entrée en livres..	....	1,380,000
TOTAL....................	593,000	90,000,000

En divisant ce total des livres de viande, par le nombre des habitans de Paris, on trouvera pour la consommation de chacun d'eux, l'un dans l'autre, un peu plus de 150 livres par an; ce qui revient, par jour, à 6 onces 4 gros ¼.

L'état ci-après présente de semblables résultats pour les principales denrées & marchandises qui entrent annuellement à Paris, d'après les registres de perception. On doit avertir cependant qu'on ne peut répondre de quelque exactitude que pour les quantités de pain, de boissons, de bestiaux, d'œufs, de poissons, de fromages frais, de combustibles, de sucre, de cassonnade, d'huile, de cire, de bougie, de bois quarrés, de matériaux à bâtir : les résultats relatifs aux autres objets, tels que la marée, la volaille, les métaux, & quelques autres espèces de marchandises, sont plus hypothétiques.

État des marchandises & denrées de toute espèce, qui se consomment annuellement à Paris, d'après une année commune, prise antérieurement à la révolution.

Livres de pain	206,000,000	} liv. pes.
Livres de riz	3,500,000	
Vin ordinaire	250,000	
Vin de liqueur	1,000	
Eau-de-vie, en supposant que tout entre en eau-de-vie simple, & en évaluant la fraude à un sixième	8,000	} muids.
Cidre	2,000	
Bière	20,000	
Vinaigre	4,000	
Bœufs, du poids de 700 livres	70,000	
Naches, du poids de 360 livres	18,000	
Veaux, du poids de 72 livres	120,000	
Moutons, du poids de 50 livres	350,000	
Porcs, du poids de 200 livres	35,000	
Viande en livres	1,380,000	} liv. pes.
Poids du poisson de mer, frais, sec & salé	10,000,000	
Nombre de carpes	800,000	
Nombre de brochets	30,000	
Nombre d'anguilles	56,000	
Nombre de tanches	30,000	
Nombre de perches	6,000	
Nombre d'écrevisses	75,000	
Cordes de bois	714,000	
Voies de charbon de bois	694,000	
Voies de charbon de terre	10,000	
Nombre d'œufs	78,000,000	
Nombre de livres de beurre frais	3,150,000	
Nombre de livres de beurre salé & fondu	2,700,000	
Nombre des fromages frais, de Brie, de Marolles, & autres	424,500	
Poids des fromages secs, faisant partie du commerce de l'épicerie	2,600,000	
Cire & bougie	538,000	
Sucre & cassonnade	6,500,000	
Huile de toute espèce	6,000,000	
Café	2,500,000	
Cacao	250,000	} liv. pes.
Girofle	9,000	
Poivre	75,000	
Pruneaux	476,000	
Savon	1,900,000	
Potasse, soude, & cendres gravelées	2,300,000	
Quantité d'aunes de toiles	6,000,000	aunes.
Cuivre	450,000	
Acier	250,000	} liv. pes.
Fer	8,000,000	

Plomb	3,200,000	liv. pes.
Etaim	350,000	liv. pes.
Vif-argent	18,000	liv. pes.
Cuirs & peaux	3,700,000	liv. pes.
Pelleteries	530,000	liv. pes.
Foin	6,388,000	bottes.
Paille	11,090,000	bottes.
Avoine	21,409	muids.
Orge	8,500	muids.
Vesce & grenailles	1,400	muids.
Bois quarrés & à bâtir, en nombre de p.ds cubes	1,600,000	pieds cubes.
Pierre de liais, par nombre de pieds cubes	....	pieds cubes.
Pierre de taille dure, par nombre de p.ds cubes	620,000	pieds cubes.
Pierre de taille de Saint-Leu, par nombre de pieds cubes	930,000	pieds cubes.
Moëllons de meulière & autres, par nombre de toises cubes	64,000	t. cubes.
Chaux, en nombre de muids	8,000	muids.
Plâtre, en nombre de muids, chacun de 36 sacs	120,000	muids.
Nombre d'ardoises fortes	3,717,000	
Nombre d'ardoises fines	132,700	
Nombre de tuiles, grand moule	3,498,000	
Nombre de tuiles, petit moule	527,600	
Nombre de briques	973,000	
Pavés, sans compter ceux destinés à l'entretien du pavé de Paris	1,360,000	

Si, après avoir considéré les consommations de toute espèce qui ont lieu à Paris, on demandoit ce que dépense tous les ans en argent chacun de ses habitans, on trouveroit aisément la réponse à cette question dans les tableaux qui précèdent. Il ne s'agiroit que de donner une valeur en argent à chacune des denrées qui entrent à Paris, en estimant à-peu-près les objets sur lesquels on n'a point de renseignemens positifs. Les quantités de denrées dont la consommation est la plus forte, & tient le plus près aux besoins de nécessité première, étant bien connues, les erreurs qu'on pourroit commettre à l'égard des autres, seroient de peu de conséquence.

On conçoit que la valeur des denrées & des marchandises étant susceptible de variations continuelles, il n'a pas été possible d'arriver à des résultats rigoureusement exacts. On a d'ailleurs manqué d'instructions suffisamment positives sur la valeur de quelques marchandises, & la nécessité de publier n'a pas permis d'attendre qu'on eût pu rassembler de plus amples renseignemens.

On a cru cependant devoir distinguer par une * les articles qui présentent le plus d'incertitude.

Tableau dont l'objet est de présenter l'évaluation en argent, de toutes les dépenses faites par les habitans de **Paris**, droits compris.

DÉNOMINATION des MARCHANDISES & DENRÉES.	QUANTITÉS qui se consomment A PARIS.	PRIX,	VALEUR.
Pain	206,000,000 liv. pes	à » 2s	20,600,000
Vin	250,000 muids	à 130 »	32,500,000
Eau-de-vie	8,000	à 300 »	2,400,000
Cidre	2,000	à 60 »	120,000
Bière	20,000	à 60 »	1,200,000
Vinaire	4,000	à 100 »	400,000
Viande de boucherie	90,000,000 liv. pes	à » 9	40,500,000
Œufs	...	...	3,500,000
Beurre frais	...	...	3,500,000
Beurre salé & fondu	...	...	1,800,000
Fromages frais	...	...	900,000
Fromag. salés, du commerce de l'épicerie	...	...	1,500,000
* Marée fraîche	...	...	3,000,000
Harengs frais	...	...	400,000
* Saline	...	...	1,500,000
* Poisson d'eau douce	...	...	1,200,000
Bois à brûler	...	...	20,000,000
* Bois quarrés & à ouvrager	...	...	4,000,000
Charbon de bois	700,000 voies	...	3,500,000
Charbon de terre	10,000	...	600,000
Foin	60,000 c. de b.	...	2,100,000
Paille	110,000	...	1,980,000
Avoine	21,000 muids	...	5,250,000
Sucre & cassonade	6,500,000 liv. pes	...	7,800,000
Huiles	6,000,000	à 1l »s	6,000,000
Cire & bougie	538,000	à 2 10	1,345,000
Café	2,500,000	à 1 5	3,125,000
* Cacao	...	...	500,000
* Papier	6,000,000	...	10,000,000
Potasse, soude, & cendres gravelées	...	...	1,000,000
Cuivre	450,000	à 1l »s	450,000
Fer	8,000,000	à » 4	1,600,000
Plomb	3,200,000	à » 6	960,000
Étain	350,000	à 1 »	350,000
De cette part	...	...	185,580,000 l

DÉNOMINATION des MARCHANDISES & DENRÉES.	QUANTITÉS qui se consomment A PARIS.	PRIX.	VALEUR.
Report..........	....	....	185,580,000^l
Vif-argent..........	18,000 liv. pes.	à 3^l 10^s	63,000
* Epiceries..........	....	....	10,000,000
* Drogueries..........	....	....	3,000,000
* Merceries..........	....	....	4,000,000
* Quincailleries..........	....	....	4,000,000
* Draps..........	....	....	8,000,000
* Etoffes de laine..........	....	....	5,000,000
* Soie & étoffes de soie.	....	....	5,000,000
Toiles..........	8,000,000 d'aunes.	à 1^l 10^s	12,000,000
* Marbre..........	....	....	
Pierre de taille de St.-Leu..........	930,000 p. cubes.	....	
Pierre de taille..........	620,000	....	
Moellons..........	64,000 t. cubes.	....	
Chaux..........	8,000 muids.	....	
Plâtre..........	120,000	....	
Ardoises fortes..........	3,717,000..........	....	4,000,000
Ardoises fines..........	132,700..........	....	
Tuiles, grand moule.	3,498,000..........	....	
Tuiles, petit moule..	527,600..........	....	
Carreaux de terre cuite	....	....	
Briques..........	973,000..........	....	
Pavés..........	1,360,000..........	....	
Marchandises omises.	....	....	6,857,000
Fruits & légumes..........	....	....	12,500,000
TOTAL..........	....	....	260,000,000^l

Dans ce total, est comprise la dépense relative à la nourriture & à l'entretien des chevaux, montant à environ.. 10,000,000

Reste pour la consommation des hommes.......... 250,000,000^l

On voit, par le résultat de ce tableau, que la somme totale des consommations de Paris, s'élève, en ce non compris la consommation des chevaux, à la somme de 250,000,000 liv.

Ce qui donne, pour la dépense moyenne de chaque habitant, hommes, femmes & enfans, l'un dans l'autre, par an, 416^l 13^s 4^d, & par jour, 1^l 2^s 10^d.

Que la dépense & la consommation des chevaux s'élèvent environ à 10 millions, & qu'en réunissant cette dépense à toutes les autres, il en réfulte un total de 260 millions; ce qui donne à dépenfer pour chaque habitant ; de tout âge & de tout fexe, par an, 433¹ 6ˢ 8ᵈ, & par jour, 1¹ 3ˢ 8ᵈ $\frac{5}{8}$.

Dans cette dépenfe, n'eft pas comprife celle du loyer, qui monte en maffe, au moins à 60 millions, & pour chaque individu, à 100¹ par an, c'eft-à-dire, à 5ˢ 5ᵈ $\frac{1}{2}$ par jour.

Maintenant, puifqu'il fe confomme à Paris, chaque année, une fomme de 260 millions, il eft évident que la ville de Paris jouit en maffe au moins de 260 millions de revenu ; car il eft impoffible, à la longue, de dépenfer plus qu'on ne reçoit. Il eft de plus très-probable, & même certain, que les ouvriers, artifans, & en général prefque tous les habitans de Paris, font, chaque année, quelques économies ; que l'induftrie parifienne, confidérée dans fon enfemble, fait quelques bénéfices fur la balance de fon commerce, foit avec les provinces, foit avec l'étranger. On peut juger de ces bénéfices & de ces économies par les placemens qui fe faifoient habituellement par les habitans de Paris dans les emprunts publics. En eftimant ces économies à 40 millions par an, il en réfulteroit que la ville de Paris jouit de 300 millions de revenu. Cette fomme totale eft à-peu-près compofée des fommes particulières ci-après.

Revenu provenant des loyers des maifons............ 60,000,000
Revenu provenant des intérêts & dépenfes payes
   par le tréfor public........................... 140,000,000
Revenu des propriétaires de terre, de biens ruraux,
   de manufactures, &c........................... 100,000,000
                         TOTAL................ 300,000,000

De ces 300 millions, le fifc en retiroit, dans l'ancien ordre des chofes, environ le cinquième par les impofitions & droits ci-après.

Entrées de Paris, tant au profit du tréfor public, que de la ville
   & des hôpitaux.............................. 36,500,000
Vingtièmes.................................... 5,174,000
Capitation.................................... 4,095,000
Portion de la taille, & acceffoires............. 429,873
Gabelle, déduction faite du prix marchand du fel.. 3,500,000
Tabac, déduction faite du prix marchand......... 3,300,000
Droits fur les cuirs & peaux, perçus par la régie
   générale................................... 174,000
Marque d'or & d'argent........................ 450,000
Cartes à jouer................................ 137,000
Papiers & cartons............................. 476,000
Amidon, poudre à poudrer...................... 144,500
Droits domaniaux. Contrôle des actes, des exploits ;
   petit-fcel, infinuations, centième denier, amortiffement, franc-fief, ufages & nouveaux acquêts,
   échanges, contre-échanges, &c............... 1,650,000
          De cette part.............. 56,028,403

Report..	56,028,40[illegible]
Hypothèques..	300,000
Greffes, droits réservés dans les cours & tribunaux, amendes, &c...................................	1,623,000
Formule, papier & parchemin timbrés................	1,232,000
Quatre deniers pour livre de la vente des immeubles.	2,400
Droits de la poste aux lettres.......................	1,331,000
Caisse de Poissy....................................	1,016,500
Droits qui se perçoivent au profit des communautés de marchands................................	300,000
Portion du bénéfice de la loterie royale de France, à la charge de la ville de Paris................	8,166,697
TOTAL...	70,000,000

On voit encore par ce résultat, que la contribution des habitans de Paris étoit, sous l'ancien régime, de 118ˡ 2ˢ 7ᵈ $\frac{1}{3}$ par an, pour chaque individu de tout sexe & de tout âge, c'est-à-dire, par jour, de 6ˢ 5ᵈ $\frac{1}{4}$.

Ainsi, en dernier résultat, & en négligeant les fractions, chaque habitant de Paris, de tout âge & de tout sexe, dépensoit par jour, l'un dans l'autre, loyer compris, 28 à 29ˡ, dont plus de 6ˡ tournoient au profit du trésor public.

La contribution de la ville de Paris étoit donc d'un cinquième environ, tant en contribution foncière que personnelle, & en droits sur les consommations.

Cette somme paroîtra bien considérable, sur-tout si l'on considère qu'une partie des revenus de la ville de Paris ne parviennent à ses habitans, qu'après avoir acquitté l'imposition foncière dans les provinces.

NOTE DE L'ÉDITEUR.

A la fin de 1791, Lavoisier discuta, dans une brochure fort étendue, la situation des affaires, & soumit les finances de l'état à des calculs rigoureux. Son ouvrage est intitulé : *DE L'ÉTAT DES FINANCES DE FRANCE, au 1.ᵉʳ janvier 1792, par un député suppléant à l'Assemblée nationale constituante*. A Paris, chez *Dupont*, 1791. Voici une page de cet écrit, qui se rapporte à celui dont on vient de lire, non pas un *extrait*, mais une copie fidèle, car c'est Lavoisier, & non l'éditeur, qui l'a intitulé *extrait*, &c.

« Je ne rappellerai pas ici ce que j'ai dit dans l'ouvrage que l'Assemblée constituante a daigné accueillir avec quelque bonté, dont elle a ordonné l'impression, que le comité des contributions publiques a cité avec éloge, mais dont cependant il n'a point adopté les résultats. Je suis convaincu aujourd'hui, comme je l'étois alors, que la contribution foncière, réduite au sixième, ne peut pas produire au-delà de 200 millions ; & que la contribution mobiliaire n'en rendra pas plus de 40. Je suis prêt à discuter de nouveau les preuves que j'en ai données. Toutes les combinaisons que j'ai faites depuis l'époque de mes premiers calculs, toutes les connoissances que je me suis efforcé de rassembler, me donnent même lieu de craindre que mes évaluations ne soient encore au-dessus de l'effectif ; & je crois en conséquence, qu'il est de la prudence, de ne compter que sur un produit de 230 millions pour les contributions foncière & mobiliaire de 1791. »

RÉFLEXIONS

RÉFLEXIONS

D'UN
CITOYEN PROPRIÉTAIRE,

Sur l'étendue de la contribution foncière, & sa proportion avec le PRODUIT NET TERRI-TORIAL, converti en argent. (*)

1792.

J'AI examiné en détail les bases indiquées dans l'ouvrage sur la richesse territoriale de la France, & elles m'ont paru incomplètes, ainsi que l'auteur l'a annoncé lui-même avec franchise dans quelques endroits. Je me suis convaincu qu'en suppléant des objets omis, d'une importance très-considérable, & en rectifiant l'évaluation de quelques autres, *le produit net territorial de la France* excède de plus d'un grand tiers la fixation annoncée.

Avant d'entrer dans la discussion des différens articles, je vais analyser l'ouvrage.

Le chapitre Ier. évalue la population de la France à. . . . . 25,000,992 individus.

Le second contient le dénombrement des chevaux & bestiaux.

Le nombre de chevaux occupés aux travaux de l'agriculture, dans les pays où l'on cultive avec des chevaux, est porté à. 960,000

(*) L'auteur de cet écrit m'est inconnu. Dupont qui l'a imprimé ne le sait pas plus que moi.

J'en ai retranché les premières pages ; elles n'étoient qu'un préliminaire relatif à la fixation faite par l'assemblée constituante de la somme de la contribution foncière. Je me suis borné à ce qui regarde la richesse territoriale de la France.

Cet écrit est postérieur à l'état des finances de France, imprimé par Lavoisier à la fin de 1791, & par conséquent à la déclaration qu'il a faite de sa persistance dans l'évaluation des revenus territoriaux de la France. Cette déclaration ne prouve donc rien contre les calculs qu'on va lire. *Note de l'Éditeur.*

C

(34)

Ceux qui sont occupés des mêmes travaux dans
les pays où l'on cultive avec des bœufs, à....... 600,000
Ceux de la ville de Paris, à.................. 21,500
Ceux des autres villes & du roulage, à......... 160,000
Ceux de l'armée, à.......................... 40,000

TOTAL, non compris les élèves............. 1,781,500

Le nombre des bœufs, à compter de l'âge où ils commen-
cent à travailler, à.......................... 2,700,000
Bœufs à l'engrais 389,000
Vaches.................................. 4,000,000
Moutons................................ 20,000,000
Porcs................................... 4,000,000

Le chapitre III traite de l'étendue territoriale du royaume,
& détermine, d'après les recherches très-exactes de Paucton,
le nombre d'arpens, mesure de roi, qui en forme la superficie, à..............................105,000,000

dont la quantité ensemencée chaque année en bled & en
mars, est de.........................28,200,000
celle qui reste en jachères, de.................18,600,000

Le chapitre IV porte la consommation annuelle du bled
à.............................14,000,000,000 l. pesant.
celle de l'avoine, à.............. 80,000,000 boisseaux.
celle de la viande, à.......... 1,211,000,000 l. pesant.

Le chapitre VII contient le calcul du *produit net territorial imposable*, converti en argent.

Je transcrirai ce tableau en entier dans mes observations.

Je me borne à indiquer ici sommairement qu'il ne monte
qu'à.......................... 1,198,500,000 l.
réductibles de.................... 180,000,000 l.
lorsque le prix du bled tombe à 1 s, 6 den.

L'auteur observe qu'à la vérité il manque à son relevé le
produit des œufs, beurre, fromages, fruits, légumes, huiles, &c. mais que, sans avoir de donnée certaine sur la valeur
de ces productions, il croit pouvoir conclure que la totalité
du produit territorial n'excède pas 1,200 millions, même
quand le bled est à 2 sous.

Enfin, l'ouvrage est terminé par un relevé fait sur les regiftres des entrées de Paris, des quantités de toutes espèces de denrées & marchandises qui se consommoient, année commune, dans la capitale.

C'est ce même relevé que je prends pour terme moyen sur beaucoup d'objets, dans des proportions différentes, suivant la nature de ces mêmes objets, & leur usage plus ou moins général.

J'entre en matière.

Je définis le *produit net imposable*, tout ce qui excède les semences, la nourriture des cultivateurs, de leurs agens immédiats, des animaux de labourage & de culture, & les frais indispensables d'exploitation, ainsi que les emplacemens qui y sont nécessaires.

Je soustrais, par conséquent, de l'imposition tout le sol qui a donné ces mêmes productions, & qui est employé à les resserrer, ainsi que tout celui qui, servant aux usages publics & aux communications, ne donne aucun produit réel & local. Je ne fais de réserve que pour les parcs & jardins potagers enclos.

Le tableau que j'ai annoncé présente l'évaluation suivante :

Produit des terres cultivées en bled, quand le prix du bled est à 2 sous la liv.......................... 728,000,000 l.
Produit des vignes........................ 80,000,000
Produit des bestiaux...................... 169,000,000
Produit des bois.......................... 120,000,000
Produit des laines........................ 50,000,000
Produit de l'avoine consommée par les villes................................ 32,000,000
Produit du foin, *idem*.................... 12,000,000
Produit des pailles, *idem*................ 5,500,000
Produit des soies......................... 2,000,000

T O T A L............... 1,198,500,000 l.

Avant de discuter séparément chacun de ces articles, je crois nécessaire de faire l'énumération de tous ceux qui sont omis, & que je suppléerai.

Eau-de-vie.
Huiles.
Cidre & bierre.
Mines & carrières.
Lins, chanvres, &c.
Cire.
Œufs, beurre, fromages, légumes, fruits comestibles,

volailles, poissons provenant des étangs & viviers, grenailles, &c.

Produit des maisons de villes, soit louées, soit occupées ;
celui des maisons de campagne, parcs & jardins ; celui des
moulins & usines, des habitations des bourgs, villages &
hameaux, autres que les bâtimens destinés à l'exploitation de
la terre ; celui des marais salans.

Je proposerai l'évaluation de ces différens objets, après
avoir discuté séparément chaque article du tableau qui pré-
cède.

ARTICLE PREMIER.

Produit du bled.

En admettant que le produit total du bled récolté dans le
royaume ne se monte, suivant le résultat, qu'à la
quantité de .... 14,000,000,000 l. p

J'en retranche,

1°. Semences........ 2,000,000,000
2°. Consommation des
cultivateurs....... 925,630,000
3°. Dépenses des mois-
sons............... 1,068,340,000
4°. Autres frais d'ex-
ploitation........ 1,971,620,000

TOTAL.... 5,965,590,000 ci 5,965,590,000

Reste en produit imposable............ 8,034,410,000

qui, à 2 sous la livre, font................ 803,441,000 l.

Ce même produit est porté dans le tableau
général, pour .... 728,000,000 l.
Différence en plus................ 75,441,000 l.

Elle provient, 1°. de ce que le résultat porte la semence
au sixième, suivant l'ancienne évaluation, 2°. De la déduction de 420 millions pesant, sur les prélèvemens pour
frais de battage.

J'ai réduit le premier article au septième, au lieu du
sixième, & c'est la proportion généralement adoptée depuis
la destruction du gibier, & la clôture des colombiers pendant

les femailles & les récoltes. J'ai retranché le fecond comme faifant un double emploi, foit avec les dépenfes des moiffons, foit avec les frais généraux d'exploitation.

Pour prévenir à l'avance, toute inquiétude à cet égard, j'obferve, 1°. que fur la feule production du bled en nature, je déduis pour dépenfes une valeur numéraire de 596 millions 559 mille liv.; 2°. que je ferai dans les articles fuivans des déductions beaucoup plus confidérables encore, puifque je retrancherai de tout le produit des foins, pailles & avoines la confommation faite par les chevaux & bœufs de labourage, & par les volailles, ainfi que la totalité des prairies artificielles & pâturages.

Au furplus, ces réflexions feront terminées par une récapitulation générale de la valeur de tous les objets de déduction, dont le produit net impofable eft dégagé.

A R T. I I.

Produit des vignes.

Le tableau ne porte le produit total des vignes qu'à quatre-vingt millions. Je crois cette fixation beaucoup au-deffous de la réalité.

L'auteur lui-même déclare que n'ayant pu opérer que par apperçu, & n'ayant que des réfultats affez vagues, il eft poffible qu'il fe foit trompé d'un quart, d'un tiers & même de moitié.

Voici les bafes de mon opération. On les jugera.

Suivant le relevé des entrées il fe confommoit annuellement dans Paris, en vins ordinaires, déclarés & acquittans les droits, la quantité de................. 250,000 muids.

J'ajoute un huitième feulement pour la fraude & la confommation extérieure, ce qui eft très-peu....................... 31,250

T o t a l................ 281,250 muids.

J'évalue Paris au vingt-cinquième de la confommation totale du royaume.

Bien loin d'être exagérée, cette proportion paroîtra fort foible, fi l'on fait attention que dans les 24 autres vingt-cinquièmes font compris tous les vins de Bourgogne, Champagne, Dauphiné, Languedoc, Bordeaux, Rouffillon,

Alface & autres qui font exportés à l'étranger & dans nos colonies. Ce calcul donne en résultat une confommation de................. 7,031,250 muids.

qui évalués à 50 liv. l'un dans l'autre, (ce qui ne porte la pinte qu'à 3 fous 4 den.), donneroient un produit impofable de.................... 351,562,000 liv.

Mais j'en retranche la moitié pour les frais d'exploitation, infiniment diminués depuis qu'ils ne font plus chargés de vingtièmes, tailles, dixmes, aides, droits de bannalités & autres, ci................................ 175,781,250

Refte pour fomme égale impofable. 175,781,250 liv.

J'annonce à l'avance que ma déduction précédente eft entière; puifque je ne comprendrai pas les vignobles ni les celliers dans le fol impofable.

Vins de liqueurs,   *néant,*
Efprit-de-vin,   *idem.*
Vinaigre,   *idem.*

Je confonds ces trois objets dans le produit général des vignes, quoiqu'ils en foient diftingués par les tarifs & relevés des confommations, comme faifant compenfation avec la petite quantité de vins étrangers qui peuvent y être compris.

Art. III.

Produit des beftiaux.

D'après les relevés détaillés aux réfultats, la confommation totale du royaume *en viande comeftible* provenant des bœufs, veaux, moutons & porcs, fe monte annuellement à......................... 1,211,400,000 l. pefant,

qui, à 4 fous la livre, donnent un produit impofable de......... 242,280,000 liv.

On trouvera cette évaluation bien foible, en faifant attention que la quantité énoncée ne comprend ftrictement que la viande comeftible. Qu'ainfi je ne porte abfolument aucun produit impofable, 1°. pour la valeur des peaux & cuirs qui

forment un objet très-confidérable ; 2°. pour celle des fuifs
& autres acceffoires qui l'eft encore davantage.

Que de plus, dans l'évaluation des bien-fonds fujets à la
contribution, je ne comprendrai pas les terrains formant
les pâturages, engrais & prairies artificielles à l'ufage des
beftiaux.

Ainfi le produit que je préfente eft dégagé de toute déduction pour le cultivateur qui fait les élèves, s'en fert utilement,
& les vend de la première main. Il n'y a de réferve que pour
les laines qui forment un article féparé.

J'ajoute que, d'après tout cela, mon réfultat, qu'il eft facile de vérifier, ne porte la valeur commune du bétail, rendu
au marché, que fur le pied fuivant :

Bœuf. . . . . 140 liv.
Vache. 70
Veau. . . . . 14. . . . . 8 fous.
Mouton. 10
Porc gras 40

Ce qui eft moins de motié de leur valeur courante.

A r t.   I V.

Produit des laines.

Je laiffe ce produit tel qu'il eft porté dans le tableau
ci. . . . . 50,000,000 liv.

A r t.   V

Produit des bois.

Les bois ne font portés dans le tableau général que pour un
produit net de cent vingt millions, fans indiquer aucune bafe
à cette fixation.

A défaut de renfeignemens pofitifs fur cette partie en
général, j'ai examiné fur les relevés la quantité de bois à
brûler confommé à Paris, la quantité de voies de charbon
de bois convertie en bois de corde ; enfin celle de bois carré
& propre à bâtir. J'ai évalué le tout au plus bas poffible.

J'ai enfuite confidéré la confommation de la capitale,
comme ne formant que la cinquantième partie de celle du

royaume. Cette opération m'a donné un résultat en argent de près de 100 millions.

Pour éviter toute exagération, je l'ai réduit à 150 millions, & j'ai reconnu qu'alors je n'attribuois au propriétaire qu'un produit d'environ 28 sous par voie de bois, ci . . . . 150 millions.

Je prie toujours qu'on ne perde point de vue que je n'établirai aucune contribution sur le sol, parce que je la prends sur le produit.

Ce qui a déterminé ma proportion évaluative de la quantité de bois au cinquantième en argent, c'est moins celle de la population, que la considération décisive, qu'indépendamment de la consommation de bois pour le chauffage & les usages de la vie, les constructions de province & de campagne, emploient beaucoup plus de bois que celles de Paris, que les usines, les manufactures & les moulins de toute espèce en font une consommation immense, ainsi que le charronnage & la navigation intérieure & extérieure, tandis que Paris ne peut pas entrer en comparaison sur ces objets, pour la deux centième partie.

<h3 style="text-align:center">A R T. V I.</h3>

Produit en fourrages.

Cet article en réunit trois, qui sont divisés dans le tableau, & se montent ensemble à . . . . 49,500,000 liv.

Je crois ce produit beaucoup plus considérable. Celui des pailles, entre autres, n'y est porté que pour 5,500,000 liv. Il n'est pas besoin d'une grande discussion pour prouver que, sans porter en ligne de compte les pailles qui s'emploient pour l'entretien & la nourriture des chevaux & autres animaux domestiques, & qui se convertissent en fumier, ce produit est plus que quadruple, en considérant ce qui s'en emploie par-tout pour les couchers, meubles, emballages & couvertures ; mais je l'abandonne en entier. Je ne présente comme produit imposable en fourrages, que ce qui s'en consomme pour les chevaux des villes, de l'armée, de la gendarmerie, des postes aux chevaux & aux lettres, des usines & manufactures, du roulage ; enfin des particuliers habitant les bourgs & villages, qui s'en servent, soit pour leur agrément, soit pour fréquenter les foires & marchés.

J'établis le nombre de ces chevaux ainsi qu'il suit :

Postes aux chevaux, au moins.............30,000 chevaux

L'armée, y compris les chevaux d'artille-
rie, vivres, officiers, états-majors, au
moins.............................50,000

Messageries grandes & petites, cour-
riers de plusieurs grandes routes, & de
toutes les communications, coches
d'eau, canaux, &c...................12,000

Gendarmerie.......................6,000

En comptant les 21,500 chevaux de
Paris, comme faisant le dixième de ce
qui en est employé dans le surplus du
royaume, pour l'usage habituel des particuliers des villes & des campagnes,
pour le roulage, les charrois, les bâtimens, les usines & les haras, ci.......215,000

T O T A L.....................313,000 chevaux.

qui multipliés par 365, donnent le
nombre de journées de.............114,245,000 journées.

& à 15 sous la journée l'un dans
l'autre, déduction faite des frais de
de transport, la somme imposable
de...........................85,683,750 livres.

A r t. V I I.

Produit des soies.

Je laisse l'évaluation telle qu'elle
est, ci.......................2,000,000 liv.

SUPPLÉMENT.
OBJETS NON ÉVALUÉS.

Eau-de-vie.

POUR compléter la consommation effective du vin, il faudroit pouvoir calculer la quantité de cette liqueur, qui est nécessaire pour former une tonne d'eau-de-vie. Comme cela dépend de la nature & de la qualité du vin, peut-être aussi de la manipulation, je n'ai pu trouver aucune base première.

J'ai pris le parti de séparer en entier cet objet du vin en nature, et d'en établir la valeur imposable, d'après sa consommation effective & une estimation modérée. J'ai fait attention, dans cette évaluation, que la jauge de l'eau-de-vie est infiniment plus forte que celle du vin.

Or, d'après les relevés, la consommation de Paris est de.. 8,000 tonnes.

L'auteur évalue lui-même la fraude au sixième, ci............................... 1,333

TOTAL.............. 9,333 tonnes.

En prenant Paris pour le vingt-cinquième de la consommation du royaume, ce qui est au-dessous de la réalité, cela fait... 233,325 tonnes.

qui, évaluées à 120 livres, toute défalcation faite des frais de fabrication, & non de la matière première que je n'ai pas comprise dans le produit des vignes, donnent en argent......... 27,999,000 liv.

Huiles.

Il n'y a aucune valeur employée dans le tableau pour le produit des huiles. Cependant la consommation de cette production est immense & universelle. Je sais qu'il se tire des huiles fines d'Italie, mais elles forment tout au plus un cinquième dans la consommation générale de cette qualité, tandis que toutes les autres sont indigènes. Je crois que je me trouverai beaucoup au-dessous de leur valeur totale commerciale, non compris les frais de transport, en les portant ici pour soixante-douze millions, dont je déduis moitié pour les frais de récolte & de fabrication ; ainsi,

valeur net . . . . 36,000,000 liv.

J'observe que la consommation de Paris est de six millions pesant ; que tout le monde, sans exception, consomme ; que les manufactures, & notamment celles d'étoffes de laine, en emploient des quantités considérables ; qu'ainsi Paris ne doit pas être compté pour plus d'un cinquantième. Je n'attribue donc guères plus de deux sous quatre deniers au propriétaire, déduction faite de ses frais.

Cidre & Bierre.

Consommation de Paris, ci . . . . 22,000 muids.

multipliés par ving-cinq, ce qui est trop foible, même en déduisant la consommation des cultivateurs ; ci . . . . 550,000 muids.

qui, y compris la valeur du houblon & de l'orge, dont je ne fais aucun autre emploi, non plus que des arbres à cidre & poiré, donnent, à raison de 20 liv. le muid, tout frais déduits, sans droits, ci . . . . 11,000,000 liv.

Mines & Carrières.

Cet article des productions du sol renferme les mines de fer & autres métaux, charbons de terre, tourbes & toutes sortes de fossiles; les carrières à pierre, marbre, plâtre, chaux, ardoises, grès, &c.

Je sais que leur valeur se compose en très-grande partie de la main-d'œuvre; mais il n'en est pas moins vrai qu'elles donnent un produit réel, qui, quelque foible qu'il soit dans le détail, est nécessairement très-considérable dans son ensemble, puisqu'elles sont de première nécessité, & comme telles, recherchées & exploitées, soit par les propriétaires eux-mêmes, soit par des fermiers.

J'espère n'être pas contredit en portant leur produit net imposable, dans tout le royaume, à..... 60,000,000 liv.

Cire.

La consommation de Paris est, d'après les états, d'environ 600 milliers. En la portant pour le dixième de celle du royaume, le produit de cette marchandise seroit de six millions pesant. Les frais d'exploitations sont très-foibles, & compensés par la valeur du miel. Cependant je réduis à moitié, & je ne fixe le produit de la cire brute, pour le vendeur, qu'à 20 sous, ci.................. 3,000,000 liv.

Produits de Basses-Cour & Potagers.

Le tableau général ne contient aucun produit imposable pour les œufs, beurre frais, salé & fondu, fromage, légumes, fruits comestibles, volailles, agneaux, poissons des étangs & viviers. Cependant, on ne peut pas se dissimuler qu'il est considérable & proportionné à une consommation immense.

Des contrées entières font de ces différens objets des exportations multipliées, & cette branche de commerce en surpasse beaucoup d'autres.

Si, en général, ils ont toujours été regardés comme faisant, à-peu-près seuls, le bénéfice du fermier, qui paie la véritable valeur de ses autres productions dans le prix de son bail, de ses impositions & de ses frais, ils n'en existent pas

moins comme profit & bénéfice ; sans cela, le prix du bail seroit moindre.

Cette observation acquiert bien plus de force dans un
régime où l'imposition directe ne porte plus sur le fermier, &
où il est déchargé de toute imposition indirecte ; sur-tout
encore lorsqu'on lui a abandonné plus du tiers du bled pour
ses avances, sa consommation & celle de ses agens, & pour
ses frais d'exploitation ; lorsqu'on y a joint, dans les autres productions, telles que légumes, foins, pailles, avoine,
orge, luzerne, grenailles, la consommation de ses bestiaux,
de ces mêmes volailles qu'il vend alors à son profit entier, de
ses pigeons ; lorsqu'on lui abandonne également le produit
des chanvres, lins, colsats, tabacs, pâturages, plantes de
teinture, &c. & ses élèves en chevaux ; lorsqu'enfin tous ces
produits, qui forment une masse importante, ne sont plus
altérés & morcelées par aucune dîme grosse, menue, verte,
novale, de charnage, ni autres.

Je crois donc être infiniment modéré en ne portant la valeur numéraire libre des produits de basse-cour & potagers,
qu'à 150 millions. Ceux qui voudroient encore en douter,
n'ont qu'à se faire une idée du nombre de fermiers qui existent en France ; ils verront que ce n'est pas 100 liv. pour
chacun, l'un dans l'autre, & que ce foible bénéfice est encore réduit de beaucoup en le répartissant aussi, comme de
raison, sur les propriétaires qui font valoir par eux-mêmes,
ci..................................... 150,000,000 liv.

Produit des Maisons de villes & de campagne.

Reste actuellement le produit des maisons des villes, soit
louées soit occupées par les propriétaires ; celui des maisons de
campagne, parcs & jardins ; des habitations de bourgs, villages
& hameaux, autres que les bâtimens destinés à l'exploitation de la terre & à la conservation de ses productions ;
enfin, celui des usines & moulins, & des marais salans.

J'avoue que je ne conçois pas que cet objet soit échappé
en entier, & à plusieurs reprises, à la sagacité & à l'attention de l'auteur des résultats (*).

____

(*) Lavoisier a dû omettre ces revenus dans son tableau des revenus
territoriaux de la France. Les revenus des maisons ne sont pas tirés phy-
siquement des maisons même ; mais bien des autres revenus des locatai-

Je sens bien qu'ici la comparaison avec Paris ne peut pas donner une base certaine pour l'évaluation générale, attendu la sorte d'impossibilité d'assimiler des parties aussi dissemblables, & même aussi opposées.

Cependant, comme j'aime mieux me tromper en moins qu'en plus, je prendrai encore Paris pour terme moyen de comparaison; mais je le ferai avec des modifications qui porteront l'évaluation plutôt au-dessous, qu'au-dessus de la réalité.

L'auteur des résultats estime de 60 à 70 millions le produit de location ou d'habitation des maisons de Paris & de ses faubourgs, avant la révolution. Je le réduis à 48 millions, ci.......................... 48,000,000 liv.

J'emploie Paris pour le huitième du royaume en produit de cette nature, quoiqu'une partie notable de ses citoyens ait aussi de très-grandes habitations au-dehors, ci................... 384,000,000 liv.

res. Une maison par elle-même ne *produit* rien. Ç'eut été dans l'ouvrage de Lavoisier un double emploi de compter le montant des *locations* entre les revenus de la France; & ç'en est un dans l'ouvrage de son critique. (*Note de l'Editeur.*)

RÉCAPITULATION GÉNÉRALE.

Bled & mars..........................	803,441,000 liv.
Vignes...............................	175,781,250
Bestiaux.............................	242,280,000
Laines...............................	50,000,000
Bois.................................	150,000,000
Fourrages............................	85,683,750
Soies................................	2,000,000
Eau-de-vie...........................	27,999,000
Huile................................	36,000,000
Cidre & bierre.......................	11,000,000
Mines & carrières....................	60,000,000
Cires................................	3,000,000
Produits de basse-cour & potagers....	150,000,000
Maisons de villes, campagnes, &c....	384,000,000
T o t a l...........................	2,181,185,000 liv.
dont le sixième est de	363,530,833 liv.
La contribution foncière est de......	252,000,000
Reste au-delà........................	111,530,833

En déduisant, sur ce restant, les sous additionnels qui ne peuvent pas excéder le cinquième, ou 4 sous pour livre du principal de l'imposition, ci.......... 50,400,000 liv.

Il restera encore....................	61,130,833 liv.

Que sera-ce lorsque l'immensité des capitaux, détournés des achats d'offices & des spéculations de la bourse & de la finance, pour refluer dans l'agriculture & le commerce, donneront à ces deux sources de la véritable richesse toute l'activité dont elles sont susceptibles?

RELEVÉ ESTIMATIF

Des déductions faites aux cultivateurs pour leurs frais de culture & d'exploitation.

En bled & en maïs..........................	596,559,000 liv.
En vin	175,581,250
Nourriture de 1,560,000 chevaux de labourage, à 15 sous la journée.....	427,050,000
Nourriture de 2,700,000 bœufs, à 10 f.	492,750,000
Regains, luzernes, pâturages pour la nourriture des jeunes bœufs, vaches, moutons & poulains, au moins	150,000,000
Orge, avoine, bled de Turquie, grenailles pour les semences & la nourriture des volailles & pigeons........	60,000,000
Fruits, légumes, racines, œufs, laitage pour la nourriture des cultivateurs, ci.	100,000,000
Lins, chanvres, tabacs, gaudes, garences, &c. en totalité.............	80,000,000
Frais de récolte & fabrication des huiles.	36,000,000
T O T A L....................	2,117,940,250 liv.

Non compris la valeur locative des habitations, granges, écuries, étables, bergeries, pressoirs & celliers, qui n'est pas portée dans le sol imposable.

Non compris non plus la valeur des peaux & des suifs, qui fait certainement un objet d'au moins 150 millions.

ESSAI

ESSAI

D'ARITHMÉTIQUE POLITIQUE,

Sur les premiers besoins de l'intérieur de la République (*).

JE suppose, d'après les calculs les plus exacts, que la France contient 25,000,000 d'individus, répandus sur une surface de 105,000,000 d'arpens de 100 perches carrées, la perche a 22 pieds ou 3 ⅔ toises.

Cet arpent, qu'on appelle *le grand arpent*, est un quarré dont le côté est de 36,666 toises, & son contenu en toises carrées est de 1343,95 (**).

La lieue de 25 au degré, est de 2281,08 toises, en prenant 57,027 toises pour la longueur du degré moyen. Ainsi la lieue contient 62,222 fois le côté de l'arpent, & la lieue carrée contient 3871,65 arpens.

Par conséquent l'étendue de la France en lieues carrées est de 27,126,47 : divisant ce nombre par celui des habitans, on a 921,60 pour le nombre moyen des habitans d'une lieue carrée.

Je rapporte ce résultat, parce qu'il peut servir à faciliter la comparaison de la population de la France avec celle des autres pays, qui est ordinairement rapportée, ou qui peut se rapporter aisément à des lieues carrées ; la lieue étant une partie donnée du degré, qui est la même pour toute la terre, abstraction faite de la petite inégalité provenant de la non sphéricité.

On suppose ordinairement le nombre des femmes égal à celui des hommes ; mais le tableau de la population donné

(*) Cet essai est du célèbre De la Grange ; sa modestie vouloit en cacher l'auteur. Je n'ai obtenu la permission de le nommer, qu'en lui montrant la profonde conviction que j'ai de l'utilité de son nom pour le succès de l'ouvrage & de l'utilité de l'ouvrage pour la chose publique. (*Note de l'Éditeur*).

(**) La virgule sépare les parties décimales des entiers, suivant l'usage reçu.

D

par Lavoisier, donne 217,746 hommes de plus que de femmes sur les 25,000,000 d'habitans de la France.

Ce tableau me fait voir de plus, que ⅓ des habitans est au-dessous de 15 ans, & que le second tiers est au-dessous de 36 ans. Suivant des tables de mortalité, dressées en Allemagne, le premier tiers va jusqu'à 17 ans, & le second jusqu'à 37.

Considérons maintenant les besoins de cette société de 25,000,000 de citoyens, & arrêtons-nous d'abord à ceux de première nécessité.

Ces besoins sont, 1.° la nourriture ; 2.° le vêtement ; 3.° l'abritement, ce qui comprend aussi le chauffage & la lumière.

Nous allons commencer par la nourriture. Elle est de deux sortes, végétale & animale.

Comme notre dessein n'est que de donner un aperçu & des valeurs moyennes, nous ne ferons pas l'énumération des différens objets qui servent à la nourriture des hommes ; mais nous réduirons d'abord toute la nourriture végétale aux grains qui se cultivent en grand, & même à une seule espèce moyenne que nous nommerons simplement *blé*, & qui comprendra le blé-froment, le seigle & l'orge, qu'on mange en pain.

Par la même raison, nous réduirons toute la nourriture animale à la viande de boucherie, qui comprend celles de bœuf, de vache, de veau, de mouton & de porc ; mais nous aurons aussi égard au fromage, qui forme une partie considérable de cette nourriture.

Nous réduirons de même toute la boisson au seul vin, dont la consommation surpasse infiniment celle des autres boissons, telles que la bierre, le cidre, &c. Cette réduction est fondée sur la nature de la chose ; car on peut regarder les autres objets de nourriture, soit végétale, soit animale, comme tenant lieu d'une quantité de blé ou de viande qui contiendroit à peu-près autant de matière nutritive. Il est clair qu'ils ne doivent entrer dans le calcul de la nourriture, qu'à raison de leur valeur nutritive ; & si on connoissoit cette valeur pour chaque objet, on pourroit le convertir tout de suite en blé ou en viande. Relativement aux objets de nourriture générale & ordinaire, je crois qu'on ne se trompera pas beaucoup, en supposant leur valeur nutritive proportionnelle à leur prix. Ainsi on pourra prendre à-peu-près une demi-livre de fromage fec comme l'équivalent d'une livre de viande. Nous ferons fur-tout ufage de ce principe dans l'évaluation de la confommation de Paris (*).

Cela pofé, la queftion eft réduite à déterminer à-peu-près la quantité moyenne de blé & de viande, néceffaire pour la fubfiftance de la République.

Je ne vois que trois manières de parvenir à cette détermination.

1.º Par la ration qu'on diftribue aux troupes.

2.º Par la confommation des villes fermées où il y avoit des regiftres d'entrée.

3.º Par l'évaluation des produits annuels de toutes les terres cultivées en grains ou en pâturages; la fomme de ces produits étant fuppofée égale à la confommation annuelle, c'eft-à-dire, en faifant abftraction de toute importation ou exportation.

Voici les réfultats que ces trois moyens peuvent fournir.

La ration eft, pour chaque combattant, de 18 onces de pain & d'une demi-livre de viande: je ferai ici abftraction de l'eau-de-vie & du vinaigre, qui font auffi partie de la ration, parce que ces deux objets ne font abfolument néceffaires qu'aux troupes qui font en campagne; on pourroit d'ailleurs les comprendre dans la boiffon.

On eftime qu'une livre de pain répond à une livre de blé, poids pour poids. Le blé perd par la mouture & par le fon qu'on en tire, le quart de fon poids; mais la farine regagne par l'eau qu'on y ajoute pour la réduire en pâte, & dont une partie refte dans le pain, le tiers de fon poids; ce qui reftitue exactement le poids primitif du blé. Il pourroit y avoir quelques variations à cet égard, mais comme elles ne peuvent être que fort petites, nous nous tiendrons à celle donnée en nombres ronds.

Ainfi il faut une livre trois quarts de blé par jour à chaque combattant.

Mais j'obferve que les combattans font des hommes d'élite, tous dans la force de l'âge & des paffions, & dont la confommation peut être regardée comme le *maximum* de confommation de tous les individus.

(*) L'auteur de ce mémoire, m'a dit en preuve de cette propofition, qu'il avoit vérifié que le poids de 12 œufs, eft égal au poids d'une livre de viande, & fe vend généralement au même prix. (*Note de l'Editeur.*)

On remarque que les hommes confomment en général plus que les femmes, & les femmes plus que les enfans; & que, dans une famille compofée d'un mari, d'une femme & de trois enfans au-deffous de 10 ans, le père confomme prefque autant à lui feul que le refte de la famille.

Or, je vois, par le même tableau de population dont j'ai parlé ci-deffus, qu'il y a au moins un cinquième au-deffous de 10 ans. Ainfi on peut fuppofer que ce cinquième compenfe par fa confommation ce que les femmes confomment de moins que les hommes; de forte qu'en ayant encore égard à la moindre confommation des vieillards, on en peut conclure, fans craindre de fe tromper beaucoup, que la confommation totale de tous les habitans de la France, pour être de pair avec celle des troupes, ne doit être que les quatre cinquièmes de la confommation d'un égal nombre de combattans, c'est-à-dire, de 20,000,000.

Ainfi la confommation totale en blé fera, à raifon de 1 livre ¼, de 35,000,000 de livres, & celle de la viande, à raifon d'une ½ liv. de 10,000,000 de livres par jour.

Donc, multipliant par 365¼, on aura, pour la confommation totale annuelle en blé, 12,784,000,000 l. & en viande, 3,652,500,000 l.

La confommation moyenne de chaque individu feroit par jour d'une livre & deux cinquièmes de blé, & de deux cinquièmes de livre de viande; & par an, de 511,36 liv. de blé, & de 146 livres de viande.

La feconde manière de déterminer la confommation moyenne du blé & de la viande, eft fondée fur les regiftres d'entrée des villes qui étoient fujètes à des droits. Je me contenterai, dans ce moment, de confidérer la confommation de Paris avant la révolution, d'après les refultats de Lavoifier.

La confommation annuelle en pain y eft eftimée de 206,000,000 livres pefant, ce qui fait autant en blé .... 206,000,000 l. p.

J'ajoute la confommation du riz, qui eft de 3,500,000

209,500,000 l. p.

A l'égard des légumes & fruits, le tableau n'en donne pas la quantité, mais feulement le prix, qui monte à

12,500,000 liv., tandis que le prix total du pain est de 20 millions 600 mille liv., n'étant estimé qu'à 2 s. la livre.

Si on pouvoit supposer la valeur nutritive des légumes relativement à celle du blé proportionnelle à leurs prix respectifs, la quantité totale de légumes consommée à Paris pourroit équivaloir à $\frac{125}{206}$ de tout le pain, ce qui en fait plus de la moitié. Mais comme il s'y consomme beaucoup de légumes & de fruits de luxe, & qu'en général je crois la valeur nutritive des légumes & fruits moindre que celle du pain, à prix égal, je ne prendrai, pour leur valeur représentative, que le quart du pain, c'est-à-dire, 51 millions 500 mille livres.

Ajoutant donc ce nombre à celui que nous avons trouvé, on aura 261 millions de livres en blé pour la consommation annuelle de Paris.

La population de Paris étoit estimée alors de 600 mille habitans. Divisant donc le nombre précédent par celui-ci, on trouve 435 livres pour la consommation annuelle en blé de chaque habitant de Paris.

Les mêmes résultats donnent 90 millions de livres de viande de boucherie, & 10 millions de livres de poisson. Comme le poisson est à peu-près aussi nourissant que la viande, nous ajouterons ces 2 articles ensemble, 100,000,000 livres.

J'y trouve ensuite 78 millions d'œufs. Comme à prix égal & à nourriture égale, je crois qu'on préféreroit la viande aux œufs, on ne risqueroit pas d'estimer trop haut le rapport des œufs à la viande relativement à la nourriture, en le supposant égal à celui des prix de ces deux objets. Or, je vois par le tableau des prix, que la valeur des œufs consommés dans Paris étoit de 3 millions 500 mille liv. tandis que celui de la viande étoit de 40 millions 500 mille liv. Le rapport de ces deux nombres étant de 1 à 11,57...., nous supposerons en nombres ronds que les œufs tiennent lieu d'$\frac{1}{12}$ de toute la viande, c'est-à-dire, de ...7,500,000 liv.

Il reste encore à estimer le laitage. Les résultats qui me servent de guide, ne donnent que la consommation du beurre & du fromage, qui est de 5 millions 850 mille livres de beurre ; & de 2 millions 600 mille livres de fromages secs, outre 424 mille 507 livres de fromages mous. Le tableau des prix donne, pour ces deux articles réunis, 7 millions 700 mille livres ; ce nombre est à celui du prix de toute la viande, comme 1 à 5,26..... En supposant les valeurs nutritives proportionnelles aux prix, le beurre & le fromage confommés à Paris équivaudroient à 17 millions 111 mille livres de viande. J'obferve que ce poids eft un peu moindre que le double du poids réuni du beurre & du fromage, lequel eft de 8 millions 874 mille 507 livres. En le fuppofant égal, on auroit en nombres ronds une demi-livre de beurre ou de fromage pour l'équivalent d'une livre de viande ; ce que je crois à peu-près jufte, d'après différens renfeignemens que j'ai pris là-deffus.

Ajoutant donc enfemble ces trois fommes, nous avons 324 millions 611 mille livres de viande pour 600 mille individus, ce qui donne 207,68 livres par tête.

Je viens maintenant à la troifième manière de déterminer la confommation moyenne. Elle confifte à eftimer la confommation de toute la France par fa production annuelle, & à la divifer par le nombre total des habitans.

Les réfultats cités ci-deffus donnent pour le total, en livres pefant de blé, feigle, orge, qui fe récoltent & fe confomment, non compris l'orge confommé par les animaux, 14 milliards ; d'où retranchant le fixième pour les femences, refte pour la confommation annuelle de toute la France, 11 milliards 667 millions de livres ; ce qui étant divifé par 25 millions, donne par tête 466,68 livres.

Comme cette confommation ne comprend que les grains qui fe mangent en pain, il faudroit pouvoir y ajouter celle des fruits & légumes, qui eft très-confidérable dans les campagnes, fur-tout dans les parties méridionales de la France. Nous l'avons eftimée pour Paris à un quart de celle du pain : on peut préfumer que pour la France entière, elle doit être plutôt dans une plus grande proportion que dans une moindre. En la fuppofant d'un quart, il faudroit ajouter 116,67 livres à la confommation individuelle trouvée ci-deffus, ce qui la porteroit à.................... 583,35 liv.

Suivant les mêmes réfultats, la confommation totale de bœufs, vaches, veaux, moutons, porcs, eft en livres de viande de............ 1,211,400,000 ; ce qui ne donne que 48 mille 456 livres par tête.

Cette évaluation eft peut-être trop foible ; car, dans le nombre des beftiaux confommés, il n'y a que 397,000 bœufs & 460,000 vaches ; or, je trouve, dans un mémoire fur le commerce de la France, imprimé en 1789, qu'il fe marque annuellement 1,280,000 cuirs de bœuf ou de vache, fans compter ceux qu'on ne fait pas marquer pour en frauder le

droit ; & qu'on estime pouvoir être évalués au quart au moins.
De cette manière, la consommation des bœufs & vaches, qui, dans l'évaluation ci-dessus, entre pour 392,600,000 liv., devroit être presque doublée. Mais ne sachant pas quelle confiance peut mériter l'auteur de ce Mémoire, je n'ose faire une telle correction aux résultats de Lavoisier.

Il faut ajouter à la consommation de la viande celle du fromage. Or je trouve, dans ces résultats, que le nombre total des vaches est de 4,000,000.

D'un autre côté, je trouve, dans l'art de la fromagerie, que le produit moyen est d'un quintal & demi de fromage par vache. En ne le supposant que d'un quintal, on auroit en fromage 400,000,000 livres ; ce qui donneroit par tête 16 livres, qu'on peut regarder comme équivalentes à-peu-près à 32 livres de viandes.

On auroit donc en nombres ronds 80 livres de viande pour la consommation annuelle de chaque individu en France, sans compter les œufs, les poissons, la volaille, &c. sur lesquels je n'ai trouvé aucun renseignement.

Voici le tableau des résultats qu'on vient de trouver.

Consommation annuelle moyenne de chaque individu, évaluée en livres pesant de

	Bled.	Viande.
D'après la ration des soldats..........	511,36.	146.
la consommation de Paris........	435.	207,68.
la consommation totale de la France....................	583,35.	80.

De cette table j'ai déduit la suivante :

	A	B	C
D'après la ration des soldats....	657,36[1]	0,7779[1]	0,2221[1]
la consommation de Paris.............	642,68.	0,67.68.	0,3232.
la consommation totale de la France...........	663,35.	0,8794.	0,1206.

La colonne A donne les sommes en livres pesant de bled & de viande.

La colonne B donne les rapports du poids du bled à la somme des poids du bled & de la viande.

La colonne C donne les rapports du poids de la viande à la même somme.

La colonne A fait voir que le poids total du bled & de la viande est à-peu-près le même, d'après les trois évaluations. La valeur moyenne est de 654,46 liv., qui ne diffère guères de celle qui résulte de la ration des soldats ; elle est plus grande que celle de Paris, & moindre que celle de toute la France, d'environ 10 liv., ce qui ne fait qu'un soixantième du total.

Ce résultat me paroît digne de remarque. Il prouve que les hommes ont besoin en général d'un même poids donné d'alimens, comme une espèce de lest qui dépend de la constitution humaine. La différence de nourriture ne consiste donc que dans la différente proportion du bled & de la viande, ou des autres alimens qui les représentent. Suivant la ration des soldats, cette proportion est de 7 à 2 ; mais dans Paris, elle est de 21 à 10, à très-peu-près ; & dans toute la France, elle est de 15 à 2 environ. Cette proportion est la vraie mesure de la pauvreté ou de la richesse d'un état, puisque c'est de la nourriture que dépend essentiellement le bien-être des habitans. Pour augmenter celui des Français, il faudroit donc pouvoir augmenter la consommation de la viande, même aux dépens de celle du bled ; la culture des prairies artificielles est peut-être le seul moyen de parvenir à un but si désirable : elle est d'autant plus précieuse, qu'elle peut accroître à la fois le produit des bestiaux & celui du bled ; mais cet objet est connu pour que nous nous y arrêtions ici.

La conclusion qu'on peut tirer des résultats que nous avons trouvés, est que la France, dans l'état où est son agriculture, fournit assez de grains pour la consommation de ses habitans ; mais qu'en bestiaux, elle n'en fournit qu'un plus de la moitié de ce qui seroit nécessaire pour que chaque habitant eût une ration de viande proportionnelle à celle des soldats.

PREUVES ARITHMÉTIQUES

DE LA NÉCESSITÉ

D'ENCOURAGER L'AGRICULTURE,

ET d'abandonner, dans les temps ordinaires, l'approvisionnement des grains au commerce libre.

PAR Antoine DIANNYÈRE, *associé de l'Institut national, lues à la classe des Sciences politiques & morales, le 7 germinal, an 4.*

———————————

ON sait que dans les temps les plus calamiteux, que dans l'hiver de 1788 à 1789, le nécessaire le plus strict étoit pour les pauvres de Londres, du pain de froment, dont on avoit ôté le gruau & le son, de la viande & de la bierre; pour les pauvres de Paris, du pain semblable & des pommes de terre accommodées avec de la graisse, & pour ceux de Lyon, du pain, seigle & froment, dont on avoit ôté la fine fleur, & où on avoit laissé tout le reste.

Ainsi le pain étoit une portion plus considérable de la subsistance du pauvre, à Lyon qu'à Paris, à Paris qu'à Londres. J'appelle *pauvres* tous ceux qui n'ont point de bien, & qui, soit à cause de leur âge, de leurs infirmités, &c., ne peuvent gagner les nécessités de la vie.

On sait enfin que le gouvernement anglais s'occupoit peu des subsistances de Londres, que le gouvernement français s'occupoit beaucoup de celles de Lyon, & encore beaucoup plus de celles de Paris.

Examinons maintenant quels ont été, pendant 40 ans, les effets des plus grands soins des gouvernemens respectifs, pour approvisionner Paris que Lyon, Lyon que Londres, & du renchérissement des blés, & sur la mortalité en général à Londres & à Paris, & sur le nombre des malades & des morts, dans les Hôtels-Dieu de Paris & de Lyon.

J'aurois voulu pouvoir comparer directement les mortalités de Londres & de Lyon; mais le citoyen Messance, m'a fourni les faits, ne fait mention ni des mortalités de Lyon, en général, ni du nombre des malades & des morts dans les hôpitaux de Londres.

Je divise ces 40 années en 4 époques, de 10 années chacune ; je réunis les 5 années où le bled a été le plus cher, les mortalités en général, dans les mêmes années, pour les villes de Londres & de Paris, & le nombre des malades & des morts, aussi dans les mêmes années aux Hôtels-Dieu de Paris & de Lyon. Je trouve qu'à Londres, l'excédent dans le prix des grains, ne présente pas toujours un excédant de mortalité ; qu'à Paris, il en présente toujours un ; & qu'à Paris & à Lyon, il offre toujours un excédent de malades & de morts dans leurs Hôtels-Dieu ; & j'en forme le tableau qui est à la fin de ce mémoire.

En formant ensuite un excédent commun de l'excédent du prix du blé, pendant les cinq années où il a été le plus haut, sur celui des cinq années où il a été le plus bas, & un excédent commun de chacune des quatre années où il a été le plus haut, sur celui des quatre années de la même période où il a été le plus bas, on trouve que le premier a été à Londres, 0,275 ; à Lyon , 0,312 ; à Paris , 0,566. Et le second à Londres, 0,726 ; à Lyon, 0,708 ; & à Paris, 1,537. Or, comme dans tout pays, dont la prospérité est progressive, le malheur des ouvriers ne dépend pas du haut prix des grains, mais des variations dans leur prix, il s'en-suit que les ouvriers de Londres, plus que ceux de Lyon, & ceux de Lyon, plus que ceux de Paris, se sont pro-curés, à cet égard, les nécessités de la vie ; or, comme les gouvernemens respectifs s'occupoient plus des subsistances de Paris que de celles de Lyon, & de celles de Lyon que de celles de Londres, il s'en suit qu'à la longue, les soins des gouvernans, pour procurer des subsistances, ont pré-cisément des effets contraires à ceux qu'ils se proposent.

En formant pour les mortalités en général, un excédant semblable à ceux que l'on vient de faire, on trouve qu'il y a eu à Londres plus de morts dans les années où le blé a été au prix le plus bas, & que cet excédent est 0,007 ; mais comme Paris nous présente constamment, pour les cinq an-nées de chaque période où le prix a été le plus haut, un excédent de morts ; mais comme Lyon, pour les mêmes cinq années, nous présente constamment un excédent de malades & de morts, & que l'événement, qui pendant longt-temps est arrivé à la suite d'un autre, doit en être regardé comme l'effet, sur-tout lorsqu'on saisit aisément le chaînon qui les unit, & que l'on explique avec la même facilité l'exception, je me contenterai de dire : « Surpassons le peuple » chez lequel toutes les parties de l'agriculture sont si florissantes qu'il n'est pas sensiblement affecté par la disette » d'une denrée de première nécessité. »

L'excédent des mortalités de Paris, en général, est alors 0,119 ; ainsi, en appelant n un excédent quelconque dans le prix des grains, l'excédent de la mortalité, à Paris sera $\dfrac{n}{4,7561}$.

En fesant la même opération sur les excédens des malades & des morts, dans les Hôtels-Dieu de Paris & de Lyon, l'excédent commun sera à Paris, pour les malades, 0,222, pour les morts, 0,162 ; à Lyon, pour les malades, 0,067, pour les morts, 0,101, & la formule, pour le premier excédent, sera $\dfrac{n}{2,5495}$, pour le second $\dfrac{n}{3,4944}$, pour le troisième $\dfrac{n}{4,6701}$, pour le quatrième $\dfrac{n}{3,8010}$.

Ainsi, le même excédent dans le prix du bled, augmentoit à l'Hôtel-Dieu de Paris, le nombre des malades, dans une proportion bien plus forte qu'à celui de Lyon, & le nombre des morts dans une proportion guère plus forte, quoique l'Hôtel-Dieu de Lyon fût bien moins insalubre que celui de Paris. Il s'ensuit que, pour les individus peu fortunés, il valoit beaucoup mieux vivre dans une ville où il y avoit des manufactures même d'un débit variable, & où le gouvernement se mêloit moins des grains, que dans une ville où il y avoit moins de manufactures, plus de ressources en apparence, & où le gouvernement se mêloit plus des grains. Il suit enfin de ce que les maladies occasionnées par le même excédent, étoient plus mortelles à Lyon qu'à Paris, qu'il faut tellement encourager toutes les parties de l'agriculture, que la subsistance du pauvre se compose nécessairement de plusieurs élémens, parce qu'alors l'excédent dans le prix de l'un ou, ce qui est la même chose, la même privation dans la consommation de l'un d'eux, produira un effet moins funeste, & finira comme à Londres, par n'en produire aucun. Supposons que la difficulté des arrivages ou la suspension des travaux, ou une mauvaise récolte, ou toute autre cause, fasse même doubler le prix des grains ; si la subsistance des individus qui n'avoient que le stricte nécessaire est

A Londres	Pain	0,5
	Viande	0,3
	Bierre	0,2
		1

A Paris	Pain	0,8
	Viande ou légumes	0,2
		1

A Lyon	Pain	0,9
	Bouillon	0,1
		1

Alors leur privation est à Londres 0,25, à Paris 0,40, à Lyon 0,45 ; la première peut être supportée, la seconde ne le peut pas, la troisième le peut encore moins.

Enfin, l'excédent dans le prix des grains doit avoir une influence sur les maladies & la mortalité de l'année suivante ; je ne l'ai pas calculée. Il me suffit de vous avoir montré avec précision qu'il ne produit aucun effet à Londres, & qu'il en produit à Paris & à Lyon, qui sont d'autant plus funestes que le gouvernement se mêle plus des grains, que la ville est moins ouvrière & que le pain est plus le principal élément de la subsistance.

Je ne tirerai de ces faits, ni contre l'ancien gouvernement, ni contre ceux qui ont approuvé & adopté ses principes d'approvisionnemens, les conséquences même les plus naturelles ; je vous dirai : » Puissent les funestes leçons que les » faits nous donnent, n'être pas perdues pour nous ! Cher- » chons avec soin, les encouragemens qu'il faut donner à » l'agriculture ; occupons-nous des moyens les plus propres » à hâter le moment où l'on pourra abandonner les appro- » visionnemens au commerce libre.

Voyez le tableau ci-contre.

TABLEAU

Comparatif de l'excédent du prix des grains à Londres, Paris & Lyon, avec les mortalités en général, & le nombre des malades & des morts dans les Hôtels-Dieu de Paris & de Lyon.

NOMS des VILLES.	ANNÉES.	EXCÉDENT du prix du bled pendant		EXCÉDENT des mortalités en général, des cinq années où le bled a été		EXCÉDENT dans les hôpitaux pour les cinq années où le bled a été le plus cher, du nombre des	
		les cinq ann. où il a été le plus haut, sur les cinq autres.	l'année où il a été le plus haut, sur celui de l'ann. où il a été le plus bas.	le plus cher, sur les 5 autres.	le moins cher, sur les 5 autres.	malades.	morts.
Londres.....	De 1714 à 23.	0,161.	0,481.		0,094.		
	De 1724 à 33.	0,471.	1,076.	0,004.			
	De 1734 à 43.	0,304.	0,855.	0,064.			
	De 1744 à 53.	0,165.	0,495.		0,004.		
Paris......	De 1724 à 33.	0,754.	1,844.	0,077.		0,046.	0,136.
	De 1734 à 43.	0,831.	2,057.	0,286.		0,282.	0,373.
	De 1744 à 53.	0,426.	1,184.	0,078.		0,561.	0,130.
	De 1754 à 63.	0,256.	1,066.	0,037.		0,012.	0,010.
Lyon......	De 1724 à 33.	0,247.	0,525.			0,001.	0,073.
	De 1734 à 43.	0,114.	0,426.			0,016.	0,009.
	De 1744 à 53.	0,601.	1,326.			0,206.	0,237.
	De 1754 à 63.	0,286.	0,556.			0,048.	0,086.

TABLE
DES MATIÈRES
CONTENUES
DANS CETTE COLLECTION.

RÉSULTATS

Extraits d'un Ouvrage intitulé : DE LA RICHESSE TERRITORIALE DU ROYAUME DE FRANCE; Par M. LAVOISIER. — 1791.

RÉFLEXIONS

*D'UN CITOYEN PROPRIÉTAIRE, sur l'étendue de
la contribution foncière, & sa proportion avec le
produit net territorial, converti en argent.* — 1792. 33

ESSAI

D'ARITHMÉTIQUE POLITIQUE,

PREUVES

ARITHMÉTIQUES

www.ingramcontent.com/pod-product-compliance
Lightning Source LLC
LaVergne TN
LVHW010322030726
842520LV00004B/1209